Kemerovo
Novokuznetsk · Nizhneudinsk · Tulun · Lake Baikal
Abakan 'sser · Zima · Balagansk
Abaza · Sayanogorsk · Cheremkhovo
Gorno · Turan · Usol'ye Sibirskoye · Irkutsk
Altaysk · Angarsk
Teli · Kyzyl · Slyudyanka
· Zakamensk · Kyakhta
Uvs Nuur
Gora Belukha · Ulaangom · Mörön · Selenge
· Ölgiy · Hödrögö · Bulgan · Erder
T A Y · Hovd · Uliastay
(Dund-Us) · +12812 Ulaanbaata
Fuyun M O N G
O U
N · Altay · Arva
T · Bayanhong
arian A +12982
I
N
17864 +12474 S
S H A N
-505
Dan · Hami
on
8478 Ejin Qi·
Lop Nur · Laoi · Mazong Sha

- Bagdarin
- Skovorodino
- Chumika
- Barguzin
- Mogocha
- Zeya
- Romanovka
- Magdagachi
- Ushumun
- Ude
- Chita
- Sretensk
- Shimanovsk
- Shilka
- Baley
- Aginskoye
- Olovyannaya
- Yitulihe
- Ganhe
- Borzya
- Yakeshi
- Heih
- Manzhouli
- Hailar
- Greater Khingan
- *Hulun Nur*
- Neh
- Choybalsan
- L I A
- Arxan
- Baruun Urt
- Mandalgovĭ
- Saynshand
- (Buyant-Uhaa)
- INNER MONGOLIA
- Xili
- 6657
- G O B I
- Erenhot
- Duolun
- Talbus Qı

몽골의 향수

NOSTALGIC MONGOL
몽골의 향수

글·사진 **이태원**

기파랑

차례

초원의 대서사시
01 푸른 대초원에의 초대 015
02 칭기스칸의 대지 025
03 샤머니즘의 땅 035

몽골이란
04 몽골인의 땅 몽골리아 045
05 간추린 몽골의 역사 055
06 종교와 전통문화 065

유목 이야기
07 몽골의 유목 075
08 몽골의 초원 087
09 초원의 오축 095

유목문화
10 전통 주거와 의상 107
11 몽골의 전통 음식 115
12 명절과 관혼상제 121

초원도시 울란바타르
13 붉은 영웅 울란바타르 133
14 울란바타르 산책 141

울란바타르 주변
15 울란바타르의 주변 관광지 157
16 야생화의 천국 테렐지 163

바이칼의 어머니 호수 홉스굴
17 푸른 진주 홉스굴   171

대자연의 보고 고비
18 사막 아닌 사막 고비   185

19 자연의 보고 돈드 고비   195

20 신비한 우믄 고비   199

몽골의 심장 카라코름
21 몽골제국의 첫 수도 카라코름   209

22 카라코름 주변   217

칭기스칸의 고향-칸 아이막
23 칭기스칸의 땅-헨티 아이막   223

24 맺는 말   233

부록
몽골 여행 길잡이   238

역사 연대기   242

한·몽 관계   244

찾아보기   246

T.S. 다와후의 풍속화 '유목민의 생활'(몽골 국립 근대미술관)

잊었던 고향에 대한 향수

몽골에 대한 그리움을 읊은 시

"넓은 벌 동쪽 끝으로 옛 이야기 지즐 대는……" 그 고향을 노래한 정지용 시인의 「향수」는 옛 고향을 그리워하는 모든 한국인들의 정서를 꼭 집어 보여주는 시詩여서 누구나 세파世波에 지치면 조용히 눈감고 불러보는 한국민의 국민가요가 되었다. 이 책은 화운禾耘 이태원李泰元 선생이 마음 깊은 곳에 묻어 두었던 몽골초원에 대한 그리움을 읊어낸 시다. 예사 관광 기행서가 아니다. 언제인지도 모르는 옛날 넓은 초원에서 말을 타고 달리던 조상들의 이야기가 묻혔으리라 믿어지는 몽골고원, 한국인의 시원始原의 고향을 그리는 향수를 일깨워주는 그런 마음으로 화운 선생이 이 책을 썼기에 읽는 이는 한 장 한 장 책갈피를 넘기면서 향수에 잠기게 될게다. 그래서 화운 선생은 책 제목을 『몽골의 향수』라 했다.

고려 중엽에 몽골은 바람같이 이 땅에 나타나 100년이 넘도록 우리에게 아픔을 주었다. 그러다 홀연히 사라졌다. 오랜 세월 속에 다친 상처가 아물면서 우리는 몽골을 잊었다. 한국인의 의식 속에는 먼 옛날의 먼 나라 이야기로 어렴풋이 잔영이 남아 있었을 뿐이었다. 그러다가 700년 만에 그 몽골을 다시 만났다. 냉전이 끝나면서

1990년 한국은 몽골과 국교를 맺고 이번에는 우리가 몽골을 찾아갔다. 700년의 세월을 뛰어 넘어 만났지만 낯설지 않은 나라.

1990년 가을 처음 찾아간 울란바타르는 다른 공산국가의 소도시와 똑같았다. '민방위훈련 때의 광화문거리' 같았다. 광장과 대로에 차도 없고 사람도 없고 건물에 간판도 없고 가게도 없고 식당도 없었다. 그러던 울란바타르가 20년 사이에 딴 도시가 되었다. 교통체증이 심한 거리에 한국 식당이 60개나 되는 '서울특별시 울란바타르구'가 되었다. 그러나 넓은 벌 끝없는 초원과 별들이 쏟아지는 고비, 숲과 호수가 이어지는 산지… 그 몽골은 칭기스칸 때와 똑같은 모습으로 그대로 있다. 더욱 놀라운 것은 우리에게 그 자연이 낯설지 않다는 점이다. 사람도 같고 풍속도 비슷하다는 것을 떠나 그 초원, 그 숲, 그 강, 그 호수가 어쩐지 내가 옛날 살았던 곳 같은 느낌이 든다. 그 느낌을 화운 선생은 '향수'라 표현했다.

이 책은 몽골을 찾는 한국 방문객이 알고 싶어 하는 것은 거의 모두 다루고 있다. 명승지, 역사적 유적지, 그리고 한국인들이 보고 싶어 하는 풀밭, 하늘, 호수와 함께 그 속에 살고 있는 사람들의 삶까지 모두 망라하고 있다. 먹는 것, 입는 것, 사는 곳도 소개하고 있고 말, 소, 양, 낙타, 염소 등 다섯 가지 가축 이야기도 담고 있다. 심지어 들꽃을 볼 수 있는 곳, 무당 굿하는 곳까지 추적해 놓았다. 그리고 이 모든 것을 느낀 대로 적었다.

저자 화운 선생은 한몽 수교 다음 해인 1992년 당시 근무하던 대한항공이 몽골항공 MIAT 을 지원하는 일을 맡으면서 몽골을 방문하기 시작하여 일곱 번에 걸쳐 다녀왔으며 항공기, 헬리콥터, 지프차 등을 모두 동원하여 몽골 전국을 거의 다 누볐다. 동으로는 칭기스칸의 고향 헨티 아이막의 허흐노르, 서쪽으로는 카라코름, 오르혼강 계곡, 남쪽으로는 우문 고비와 구르반사이한의 계곡까지, 그리고 북쪽으로는 다르항을 거쳐 러시아 국경을 넘어 울란우데, 바이칼 호수까지 다 섭렵했다.

아마도 이렇게 많은 곳을 직접 가보고 쓴 몽골 소개책자는 드물 것이다. 화운 선생은 또한 신아시아연구소가 몽골 정부와 울란바타르에서 매년 여름 공동 주최했던 세미나에 여러 번 참가하여 오치르바트, 바가반디 두 분 대통령을 비롯하여 많은 관리, 학자들을 만나 몽골에 대한 이해를 높였다. 작가 수준의 사진을 찍는 화운 선생은 이 책에 실린 거의 모든 사진을 직접 찍었다. 그래서 누구도 쓸 수 없는 깊이 있는 몽골 길잡이 책을 쓸 수 있었다.

몽골에 향수를 느끼는 한국인이라면 이 책 한 번 읽어보기를 권한다. 그리고 이 책을 들고 몽골을 찾아가기를 권한다. 그러면 그 곳에서 전설 바다에 춤추는 홉스굴의 찬 물결도 볼 수 있고 끝없는 풀밭을 휘돌아나가는 케르렌 강도, 게으른 울음을 우는 조롱모리 조랑말도 보게 될 것이다. 그리고 아무렇지도 않고 예쁠 것도 없지만 솔롱고스훈 한국인 을 가족처럼 반겨주는 착한 몽골훈 몽골사람을 만나게 될 것이다.

2011년 초여름
이상우(李相禹)
신아시아연구소 소장·한몽포럼 회장

들어가는 말

몽골은 아름다운 대자연의 나라다. 그곳에 파란 하늘, 흰 구름, 푸른 초원, 눈부신 햇빛, 녹색 바람, 울긋불긋한 야생화, 하얀 천막집, 초원의 흰 꽃 양떼, 그리고 그 속에서 유목생활을 하는 유목민들이 있다. 뿐만 아니라 푸른 대초원 외에 몽골에는 광대한 사막, 만년설이 덮인 높은 산들, 우거진 타이거 숲들이 있다. 이러한 살아 숨 쉬는 대자연과 그 속에서 예스런 유목생활을 하는 유목민, 그리고 그들이 지켜온 전통 유목문화가 몽골의 매력이다.

전기도, 전화도, 자동차도 없는 몽골의 초원에서 유목민들은 어두워지면 자고 날이 밝으면 일어나 초원에 나가 가축을 기르는 매우 단순하고 소박한 삶을 되풀이 하고 있다.

최근 몽골여행자들이 급격히 늘고 있다. 몽골여행은 자연을 즐기는 여행이지만, 캐나다나 스위스 여행처럼 자연을 보기만 하는 여행이 아니다. 몽골여행은 살아 숨 쉬는 대자연을 만끽하고 유목민의 생활을 직접 체험하는 여행이다. 초원에서 말을 타고 유목민의 천막집 게르에서 머물고 가축의 젖을 짜보고 말 젖을 발효시켜 마유주를 만들어 보는 여행이다. 초원에서 원시신앙의 오보 돌무지를 만나면 여행의 안전을 기원하기도 하고 고비사막에서는 쌍봉낙타를 타볼 수 있다. 초원을 흐르다가 슬그머니 없어지는 하천가에서 마른 소똥을 태워 소고기를 구워 먹는 운치가 있고 화장실이 없는 초원에서 자연화장실의 신세를 져야하는 아쉬움도 있다.

현재 몽골에 대한 많은 책이 출판되어 있으나 대부분이 칭기스칸에 관한 책들이다. 몽골이 어떤 나라인지, 몽골여행을 하면 무엇을 봐야하는지, 그리고 유목민의 유목생활과 유목문화는 어떤지를 미리 알고 여행을 하면 더 보람 있고 즐거운 여행이 될 것이다.

『몽골의 향수』는 여러 번의 몽골 여행을 통해 얻은 경험과 수집한 자료를 토대로 집필한 새로운 스타일의 여행서이다. 몽골 여행을 하려는 분들에게는 여행에 도움이 되도록 몽골의 매력, 간단한 역사, 몽골의 자연. 몽골 유목민의 유목생활과 그들의 문화, 가볼 만한 여행지를 소개했다. 글과 함께 직접 찍은 많은 사진을 곁들여 몽골을 이해하기 쉽게 했다.

몽골여행을 할 때는 울란바타르나 그 주변만 여행하지 말고 관광지로는 반드시 바이칼 호의 어머니라고 불리는 담수호 홉스굴이나 대자연의 보고인 고비사막을 여행하도록, 그리고 체험여행으로는 반드시 유목민의 천막집에서 묵고 초보자도 쉽게 탈 수 있는 몽골 말을 탈 것을 권한다. 이 책이 더욱 값지고 보람 있는 몽골여행이 되도록 길잡이가 되어줄 것이다.

2011년 가을 서울 화곡에서
화운(禾耘) 이태원(李泰元)

STEPPES

초원의 대서사시

푸른 대초원에의 초대

대자연 속에 핀 유목의 천국

01

21세기를 맞이한 지금도 우리들이 살고 있는 지구촌, 그것도 우리나라에서 그리 멀지 않은 중앙아시아의 대자연 속에서 목초지를 찾아다니면서 가축을 기르며 살아가는 사람들이 있다. 바로 몽골의 유목민들 Nomads 이다.

그들은 초원에서 태어나 초원에서 가축을 기르며 살다가 초원에서 삶을 마친다. 시간을 재지 않고 오직 자연의 리듬에 맞춰 가축과 함께 살아가는 그들에게는 해가 뜨고 지면 하루이고, 달이 차고 기울면 한 달이다. 그리고 계절이 네 번 바뀌면 한해다. 그들은 계절을 따라 이동하고 천막집에서 살며 날이 밝으면 초원으로 나가 하루종일 가축을 기르다가 어두워지면 돌아와 하루를 마감한다. 몽골 유목민은 이렇게 소박하고 단순한 유목생활을 몽골고원에서 수천 년 동안 이어오고 있다.

계절따라 옮겨 다니는
유목생활에 알맞은
전통 천막집 게르

　　유목민의 땅, 몽골에는 우리의 가을보다 더 맑고 짙푸른 하늘이 있다. 그리고 멀리 초평선草平線까지 펼쳐져 있는 푸른 초원, 흐드러지게 울긋불긋 피어 있는 야생화들, 그 속에서 한가롭게 풀을 뜯는 가축들, 동화 속의 인형 집 같은 천막 집 게르, 소나기가 지나간 하늘에 걸려 있는 오색무지개 솔롱고스, 해질녘 황혼에 붉게 물든 풀잎들, 어둠이 드리워진 밤하늘의 무수한 별들에 이르기까지 세계 어디에서도 볼 수 없는, 대자연이 만들어내는 장대한 파노라마가 그곳에 있다. 바로 이런 것들이 푸른 대초원의 나라 몽골의 매력이며 지구촌 사람들이 몽골을 찾는 이유다.

사랑과 감동이 넘치는 시

몽골문학의 아버지 데·나착도르지(D. Natsagdorj : 1906~1937)는 그의 시 「나의 아름다운 땅 몽골 My Native Land」에서 몽골의 대초원, 산천, 사막, 숲, 가축, 유목민 그리고 그들의 위대한 역사와 유목문화를 이렇게 노래했다.

헨티, 항가이, 알타이처럼 높은 산맥들
북방의 우거진 숲, 산줄기, 산들,
메넹, 샤르가, 노밍 등 광대한 고비
남방의 모래 언덕과 모래 바다들
이곳이 내가 태어난 땅, 아름다운 몽골
(중간 생략)
멀리 보이는 만년설이 덮인 높은 산들
푸른 하늘 아래 빼어나게 아름다운 강들
멀리 보이는 우뚝 솟은 흰 눈 덮인 산봉우리들
사람의 마음을 펴주는 드넓은 초원들
이곳이 내가 태어난 땅, 아름다운 몽골

부드러운 풀이 자라는 초원이 있는 곳
이리저리 누빌 수 있는 넓고 넓은 땅
사시사철 마음껏 유목할 수 있는 목초지,
오곡이 자랄 풍요로운 땅이 있는 곳
이곳이 내가 태어난 땅, 아름다운 몽골
(중간 생략)
흉노 이래 우리 선조들이 살았던 곳
푸른 몽골시대에 힘차게 일어섰던 곳
연년 몸에 배고 세세 정이든 고향

국립도서관 옆에 있는
몽골문학의 아버지 나착도르지 동상

몽골의 푸른 초원

새 몽골의 붉은 깃발이 뒤덮인 곳
이곳이 내가 태어난 땅, 아름다운 몽골

우리들이 태어나고 자란 몽골민족의 사랑하는 땅
적이 오면 곧 바로 차서 쫓아버리고
우리들이 복된 이 땅에 나라를 부강하게 하여
후세들의 새 세상 위해 명예로운 공적을 세우리.
이곳이 내가 태어난 땅, 아름다운 몽골

1933년에 그가 읊은 위대한 조국 몽골과 아름다운 대자연에 대한 사랑과 감동이 넘치는 이 시는 울란바타르의 국립중앙도서관 뒤에 서 있는 그의 시비에 새겨져 있다. 그의 시처럼 몽골의 초원은 한없이 평화롭고 여유롭고 아름답다.

몽골의 파란 하늘

유목민의 삶

울란바타르의 자나바자르 미술관에 몽골의 대표적 화가 샤라브(Marzan Sharav : 1869~1939)의 그림 「몽골의 하루」와 「마유주 축제」가 전시되고 있다. 19세기의 몽골 유목민의 사계절의 유목생활의 모습을 몽골의 전통 회화기법인 조라크형식[1]으로 그린 몽골의 유명한 풍속화다.

---

1) 조라크는 먼저 선으로 테두리를 그리고 그 안에 화려한 색깔을 채워 넣는 화법으로 원근법을 생략하는 특징이 있다.

샤라브의 풍속화 마유주 축제 (자나바자르 미술관)

가축의 방목 장면, 젖 짜는 장면, 양을 잡는 장면, 마유주를 만드는 장면, 혼례 장면, 게르를 짓는 장면, 샤먼Shaman의 종교의식 장면, 오보제 장면, 아이 낳는 장면, 심지어는 남녀가 초원에서 사랑을 나누는 장면까지- 몽골 유목민의 생활모습을 생생하게 멋스럽고 재치 있게 담고 있다. 조선 후기 민속화가 단원 김홍도의 풍속화처럼 매우 흥미로운 그림이다.

이 그림에서처럼 시간이 흐르다 멎은 듯한 칭기스칸 시대나 다를 바 없는 몽골의 초원에서 천막집 게르에 묵으며 전통 술 아이락 말 젖을 발효한 술을 마시고 전통 음식 허르헉양고기 자갈 통 찜을 먹어 보라, 아녀자나 아이들까지도 쉽게 탈 수 있는 몽골의 조롱머르조랑말를 타고 가축들과 함께 초원에서 한나절 보내 보라, 어둠이 내린 초원에 누워 별똥별들의 향연을 바라보라. 그러면 유목민의 땅 몽골에 와있음을 실감하게 될 것이다.

그뿐이랴, 한해의 풍요를 기원하는 '오보제'에 참가하여 오보돌무지의 펄럭이는 하닥푸른 비단 천 을 보거나 몽골의 큰 명절인 '나담축제'에서 전통경기 씨름, 활쏘기, 말달리기를 보라. 그러면 오랫동안 지켜 내려온 몽골 전통 유목문화의 진면목을 볼 수 있을 것이다.

내 고향 같은 곳

몽골의 초원에 발을 들여놓는 순간 누구나 정지용의 시 「향수」가 떠오를 것이다.

넓은 벌 동쪽 끝으로
옛이야기 지줄 대는
실개천이 휘돌아 나가고,
얼룩백이 황소가
해설피 금빛 게으른 울음을 우는 곳,
그곳이 차마 꿈엔들 잊힐 리야.

몽골의 푸른 초원에서
풀을 뜯는 염소들

우리들 모두가 언젠가 돌아가고 싶은 옛 고향이나 오랜 동안 잊고 있었던 옛 시절에 대한 노스탤지어 향수를 누구나 유목민의 땅 몽골의 초원에서 느끼게 되기 때문이다.

파란 하늘, 흰 구름, 바다 같은 푸른 초원, 눈부신 햇빛, 바람에 은은히 실려오는 풀꽃 향기, 하얀 천막집, 초원의 흰 꽃 양떼, 멀리 보이는 초원의 신기루, 밤하늘의 반짝 별들, 유목민의 예스러운 생활모습-이런 서정적이고 목가적인 풍광에 유혹되고 몽골의 향수에 심취되어 여름만 되면 마치 내가 태어난 고향처럼 가보고 싶어지는 곳이 몽골이다.

전통 의상을 입고 초원에서
한나절을 보내고 있는 유목민 노파

인류사상 최고의 제국을 이룬 정복자 칭기스칸의 동상

칭기스칸의 대지

02

다인종·다문화·다종교의 글로벌리즘 세계 지향

몽골하면 누구나 칭기스칸(Chinggiskhaan : 1162~1227)이 떠오를 것이다. 칭기스칸은 몽골의 심벌이다. 그는 인류사상 최고의 정복자이며 인류역사의 흐름을 바꿔놓은 위대한 영웅이다. 미국의 주요 일간지 〈워싱턴 포스트〉는 1995년 송년 특집호에서 지난 천 년 동안에 인류역사에 큰 영향을 미친 위대한 인물 100인을 선정했다. 그 상위권에 동양인으로서는 유일하게 칭기스칸만이 포함되었다.

몽골인이 지닌 강한 민족적 자긍심과 애국심의 뿌리는 바로 그들이 칭기스칸의 후예라는 데 있다. 그들의 칭기스칸에 대한 숭배는 거의 종교에 가깝다. 몽골인은 집집마다 불상이나 불화와 함께 칭기스칸의 초상화를 모셔 둔다. 옛 영광이 사라진 지금의 몽골, 그러나 칭기스칸은 지난 역사 속의 인물이 아니라 새로운 시대의 상징이며 몽골의 미래를 향한 원동력이 되고 있다.

하늘신의 아들

가장 오래된 몽골의 역사책 『몽골비사』[2]가 전하는 몽골민족의 기원신화에 따르면 몽골민족은 하늘의 최고신 텡그리 Tengri의 뜻에 따라 탄생한 민족이다. 오논 강의 상류에 있는 성산 부르칸 칼둔에서 하늘신天神의 명을 받고 태어난 푸른 늑대 부루테 치노와 서쪽에서 큰 호수를 건너온 흰 암사슴 코아이 마랄 사이에서 태어난 것이 몽골의 시조 바타치칸 Batachikan이며 칭기스칸의 선조이다.

몽골민족의 신조神祖는 푸른 늑대다. 즉 몽골인은 푸른 늑대의 후예다. 그리고 칭기스칸의 탄생신화에 따르면 칭기스칸은 몽골어로 '세상의 왕'을 뜻하며 전 세계를 지배하라는 신탁을 받고 태어난 하늘신의 아들天子이다.

테무진 Temujin[3]이 몽골제국의 대칸大汗[4]이 됐을 때, 몽골 제일의 샤먼 텝텡그리가 '이것은 하늘의 뜻이다'라고 선언했던 것도 칭기스칸이 '하늘신의 아들'이기 때문이다. 몽골비사에 의하면 "그의 눈에는 불이 있고 얼굴에는 빛이 있다."고 기록되어 있다.

---

2) 13세기 몽골제국시대에 몽골인이 쓴 역사책으로 원래 이름은 『몽골의 비밀의 역사』(전 12권)이며 『원조비사(元朝祕史)』라고도 불림. 몽골의 기원부터 2대 어거데이칸까지의 전설과 역사를 기술한 역사책.
3) 칭기스칸의 원래 이름
4) 칸(Khan)은 유목국가의 왕의 칭호.

1254년, 몽골제국의 4대 뭉케칸 Munkhe Khan은, 몽골제국의 수도 카라코름을 방문했다가 귀국하는 프랑스의 수도사 루브르크(Guillaume de Rubrouck : 1215~1270) 편으로 루이 9세에게 보내는 외교문서에 칭기스칸을 가리켜 '하늘에는 영원한 신 텡그리가 있고 땅에는 하늘신의 아들이며 유일한 군주인 칭기스칸이 있다'고 소개했다.

칭기스칸의 좌상

대몽골제국의 탄생

1206년 칭기스칸은 몽골고원에 흩어져 있던 몽골부족을 통일하여 대몽골제국 Ikh Mongol Ulus(1206~1368)을 세웠다. 이때 그의 나이 44세였다. 인류사상 최대 제국인 대몽골제국은 동쪽은 한반도, 서쪽은 헝가리, 남쪽은 파키스탄, 북쪽은 러시아까지 동서로 5,000km, 남북으로 1,500km(30여 개국)에 이르는 광대한 영토를 약 1세기 반 동안 지배했다. 이때 몽골의 인구는 100만 명이고 몽골군은 10만 명밖에 안 됐다. 그런 대몽골제국이 정복한 땅의 넓이는 1,300만km²로 알렉산더 대왕 348만km², 나폴레옹 115만km², 히틀러 219만km²가 정복한 땅을 합친 넓이의 두 배에 이른다.

몽골제국 800주년 기념관의 **칭기스칸 동상**(수흐바타르 광장)

알렉산더 대왕이나 로마제국과는 달리 칭기스칸은 신앙·제도·관습 등 몽골의 유목문화를 정복한 지역에 강제로 보급하려들지 않았다. 그는 땅과 땅 사이에 경계가 없고 사람과 사람 사이에 인종이나 신앙이나 관습에 따른 차별이 없는, 인류사상 최초의 글로벌리즘 세계를 실현하려고 했던 것이다.

이렇게 위대한 칭기스칸도 사회주의시대에는 '인류사상 최고의 살육자'로 취급받았다. 소련의 사주를 받은 몽골의 공산정권은 그들의 역사에서 칭기스칸의 이름을 아예 지워버리려고 했다. 그럼에도 불구하고 몽골인의 마음속에서 칭기스칸이 사라진 적은 한 번도 없었다.

칭기스칸의 구두
(칭기스칸 동상공원)

1962년 칭기스칸의 탄생 800주년을 기념하여 몽골 정부가 대대적인 기념행사를 계획했으나, 소련의 반대로 모두 취소할 수밖에 없었다. 칭기스칸의 탄생지인 헨티 아이막에 건립 중이던 '칭기스칸 탄생 800주년 기념석상'도 중단됐다.

1992년 민주화된 뒤, 몽골에서 제일 먼저 되살아난 것이 칭기스칸 숭배이고 그 다음이 불교신앙이다. 건립이 재개된 '칭기스칸 탄생 기념석상'이 1991년 여름에 완공됐다. 지금은 높이 12m의 이 거대한 석상이 몽골민족의 긍지와 자유의 상징이 되고 있다. 2012년에 몽골은 칭기스칸 탄생 850주년을 맞이한다.

몽골 건국 800주년을 기념하여
칭기스칸 동상공원에 세운
높이 40m의 거대한 칭기스칸 동상
(에르데네 솜의 전진 볼독)

세계에서 가장 큰 칭기스칸 동상

2006년은 몽골제국 건국 800주년이 되는 해였다. 몽골에서는 전국적으로 대대적인 기념행사가 열렸고 각종 건국기념물이 건립됐다. 2005년 12월 건국 800주년을 기념하여 울란바타르 국제공항의 이름을 칭기스칸 국제공항으로 바꾸었다. 그리고 현 공항에서 남으로 40㎞ 떨어진 광활한 초원에 새로운 신국제공항의 건설계획을 확정했다.

건국 800주년 기념행사의 하이라이트는 그해 7월 10일부터 2개월 동안 열린 '몽골제국 건국 800주년 기념-유라시아 축제'였다. 울란바타르에서 남으로 45km 떨어진 토브 아이막 Tuv aimag의 세르겔렌 솜 Sergelen soum 토그록 Togrog의 대초원에서 몽골 국방부의 협력을 받아 500명의 현역 군인들이 칭기스칸의 기마군단이 전투하는 장면을 실감나게 재현했다.

2005년에 수흐바타르 광장의 붉은 대리석 사당에 안치되어 있던 수흐바타르와 초이발산의 영묘는 없애고 대신 정부종합청사 정면에 칭기스칸의 거대한 기념상이 안치됐다. 또한 2009년에는 울란바타르 동쪽으로 차로 1시간 반 거리에 있는 에르데네 솜 Erdene soum의 전진 볼독 Tsonjin Boldog에 높이 40m의 칭기스칸의 동상과 전망대가 건립됐다. 세계에서 가장 큰 동상이다.

전쟁 중 이동하기 쉽도록
마차 위에 만든
칭기스칸의 큰 궁전 게르 모형

군악대의 퍼레이드(나담축제)

그 밖에도 칭기스칸 우표 시리즈가 발행됐고 고액지폐의 초상화에 칭기스칸이 실렸다. 최근에는 사회주의시대의 색채가 짙은 수도 이름 울란바타르(붉은 영웅이라는 뜻)를 칭기스칸으로 바꾸려는 움직임이 있다. 또한 수도를 아예 몽골제국의 수도였던 카라코름으로 옮기려는 움직임도 있다.

칭기스칸이 부활하고 있는 몽골 초원

지금 몽골 초원에 칭기스칸이 부활하고 있고 칭기스칸 붐이 계속되고 있다. 하지만 몽골에는 칭기스칸을 기념할 만한 유적이나 유물이 없다. 그의 무덤도 어디에 있는지 찾지 못하고 있으며 현재 사

용되고 있는 그의 초상화도 후세에 상상하여 그린 것이다.
　21세기를 맞이하여 몽골인은 세계역사를 바꾸어 놓은 위대한 영웅 칭기스칸과 그들의 화려했던 역사를 되새기며 몽골 초원에 새로운 미래가 열릴 것을 기대하고 있다.

샤라브의 풍속화 오보제 (자나바자르 미술관)

03 샤머니즘의 땅

원시신앙 - 칭기스칸 시대의 국교

몽골은 원시신앙인 샤머니즘Shamanism의 땅이다. 예로부터 몽골민족은 하늘과 땅, 그리고 그 사이에 있는 해, 달, 별, 산천, 호수, 불 따위의 삼라만상과 조상을 신격화하여 섬겼다. 그러한 자연숭배의 원시신앙이 종교화된 것이 몽골의 샤머니즘이다.

기원전 3세기경이 몽골 샤머니즘의 전성기였다. 칭기스칸 시대에는 샤머니즘이 몽골제국의 국교였다. 13세기에 불교가 몽골에 전파된 후에도 샤머니즘은 몽골인에게 가장 영향력이 큰 토착종교였다. 몽골에는 샤머니즘과 불교가 공존하며, 샤머니즘화된 불교가 몽골의 불교다.

몽골 샤머니즘의 최고신은 하늘신天神인 텡그리Tengri5)로 천지와

---

5) 텡그리는 몽골어로 '영원한 하늘'을 뜻하는 '멍흐 텡그리(Möngke Tengri)' 혹은 '푸른 하늘'을 뜻하는 '허흐 텡그리(Köke Tengri)'라고도 불린다.

몽골의 무당 샤먼이 하늘신을 만날 때 사용하는 큰 북 헹게렉

인간의 창조자이며 생명의 근원이며 삼라만상의 지배자다. 따라서 몽골인은 인간의 의지로 평생을 사는 것이 아니라 텡그리의 뜻에 따라 살다가 텡그리가 정한 때 죽으면 영혼이 빠져나가서 하늘로 올라간다고 믿는다.

텡그리 다음으로 중요한 신은 물과 대지의 신인 로스-사브닥 Luus-Sabdag 이다. 로스는 '물', 사브닥은 '흙'을 가리킨다. 대지의 신과 물의 신을 합쳐서 몽골어로 에투겐 Etugen 이라고 부른다. '어머니의 배'라는 뜻으로 지모신 地母神 을 가리킨다. 몽골 유목민은 하늘과 함께 유목생활에서 중요한 땅초원과 물을 신격화하여 섬겼던 것이다.

몽골의 무당 샤먼

몽골의 샤머니즘은 그 중심에 샤먼 Shaman 이 있다. 샤먼은 하늘신과 인간을 연결시켜주는 중개자로 우리나라의 무당에 해당한다. 샤먼은 인간이 혼자 힘으로 해결할 수 없는 문제를 하늘신의 힘을 빌려 해결되도록 도와주는 사람이다.

몽골에서는 샤먼을 보우 Buu 라고 부르고 남자 샤먼은 자이란 Zairan, 여자 샤먼은 우다간 Udugan 이라고 부른다. 샤먼은 노래를 부르고 춤을 추다가 황홀해지면 혼이 몸에서 빠져나가 하늘로 올라간다. 그곳에서 샤먼은 하늘신을 직접 만나 교신을 하고 신탁을 받는다. 샤먼은 그 힘을 빌려서 인간의 어려운 문제를 해결해주고 병도 낫게 해준다. 칭기스칸 시대에는 전쟁을 시작하는 날도 샤먼의 도움을 받아 결정했다고 한다.

몽골 샤먼의 독특한 모자와 옷

몽골에서 만난 샤먼
특이한 옷과 모자를 쓰고
큰 북을 두드리고 춤을 추며
하늘신을 만나고 있는 장면

　우리나라의 무당은 하늘에서 내려온 신을 무당의 몸 안으로 불러들여 신과 교신한다. 그런데 몽골의 샤먼은 혼이 몸 밖으로 빠져 나가 하늘로 올라가서 신과 교신한다. 이처럼 유목민족의 샤머니즘 문화와 농경민족의 무속 문화는 신을 만나는 방법이 달랐다. 샤머니즘에는 경전도 없고 종교의식도 없다. 대신에 노래를 부르고 시를 읊는다. 샤먼은 특수한 옷 허약을 입고 신발 고탈을 신고 모자 어르거이를 쓴다. 샤먼의 위엄을 상징하는 아홉 장으로 된 구리거울터리을 몸에 붙이고 벽에 비단 천엉그을 건다. 샤먼은 향기가 강한 솔잎을 태우면서 큰 북 헹계렉을 치며 춤을 추다가 탈혼 상태가 되면 신과 교신한다.

샤머니즘의 땅　037

돌무지 서낭당 닮은 오보

몽골에는 예로부터 내려오는 샤머니즘의 한 형태인 오보 신앙이 있다. 오보 Ovoo는 몽골어로 '쌓아 놓은 돌무지'라는 뜻이다. 몽골의 곳곳에서 돌무지나 나뭇단이 쌓여 있고 그 위에 천이 둘러져 있는 것을 볼 수 있다. 그것이 자연신앙의 한 형태인 '오보'다. 우리의 서낭당[6] 옆에 있는 돌무지와 비슷하다.

작은 돌을 쌓아올린 돌무지에 버드나무오드 가지를 꽂아 놓고 푸른 비단 천 하닥 hadag을 두른다. 버드나무는 몽골인이 신성하게 여기는 나무로 '몽골나무'라고 부른다.

오보는 우리의 서낭당이나 솟대처럼 마을의 번영이나 개개인의 안녕을 지켜주는 수호신의 상징이다. 오보의 크기를 보면 그 나이를 알 수 있다. 오보는 초원, 길가, 고갯길, 숲 속, 산꼭대기, 지역의 경계 등 몽골의 곳곳에 서 있다. 돌이 많은 지역에서는 돌을 쌓아서 오보를 만들지만, 돌이 없는 지역에서는 나무만을 원뿔 모양으로 세워 만든다.

산 채로 양을 제물로

몽골의 오보 중에서는 헨티 아이막에 있는 '하늘 오보'가 가장 유명하다. 이 오보는 오논 강의 원류인 칭기스칸의 성산으로 칭기스칸이 전쟁에 나가기 전에 기원했던 높이 2,362m의 부르칸 칼둔

---

6) 마을 어귀나 가까운 고갯마루에 마을의 수호신을 모신 신령스러운 곳(돌무지나 오래된 나무).

우리나라의 돌무지 서낭당과 비슷한 몽골의 오보

샤머니즘의 땅 039

초원, 길가, 고갯길, 숲 속, 산꼭대기 등 몽골의 곳곳에 서 있는 오보

산 Burkhan Khaldun Mt. 의 꼭대기에 있다. 또한 울란바타르 동쪽으로 560㎞, 중국과의 국경에 가까운 수흐바타르 아이막의 화산지대에 있는 성산 다리강가 Dariganga 의 실링 복드 산 Shiliyn Bogd Mt. 의 '알탄 오보 Altan Ovoo'도 유명하다. 알탄 오보는 '황금으로 만든 오보'라는 뜻이다. 장병들이 전쟁에 나가기 전에 이 알탄 오보에서 충성을 맹세했다고 한다. 신성한 곳이기 때문에 여자들은 이 오보에 올라갈 수 없다. 최근에는 이곳에서 2년마다 오보제를 지낸다.

몽골인들은 오보를 보면 그냥 지나가지 않는다. 시계방향으로 세 바퀴를 돌거나 돌 세 개를 얹거나 신성한 푸른 비단 천 하닥을 걸거나 작은 제물을 바치며 여행의 안전을 기원한다.

몽골인은 오보를 병과 재난을 막아주고 가축을 번성하게 해주는 수호신으로 섬긴다. 가뭄이나 질병 등 어려움이 생길 때 오보제를 지낸다. 이때 말이나 양을 산 채로 신에게 제물로 바친다. 지금도 몽골에서 오보제를 지내는 곳이 800군데나 된다. 오보제가 끝나면 신을 즐겁게 하기 위한 축제로 '나담'축제가 열린다. 나담은 오보제의 뒷전풀이 축제다.

오보에 걸쳐져 있는
비단 천 하닥

몽골제국 건국 800주년을 기념하여 열린 나담축제에서의 몽골국기 퍼레이드

MONGOL
몽골이란

몽골인의 땅
몽골리아

04

육지 속에 고립된 고원국

지구촌 사람들이 가보고 싶어 하는 몽골은 과연 어떤 나라일까? 중앙아시아 내륙의 동토의 땅 시베리아와 열사의 땅 고비사막 사이에 자리한 몽골은 고원국가이며 러시아, 카자흐스탄, 중국에 둘러싸여 있는 육지 속에 고립된 내륙국이다.

한때 우리들이 몽고蒙古라고 불렀지만, 올바른 이름은 몽골리아Mongolia이다. 몽고는 중국어로 '몽매하고 낙후된 종족'이라는 뜻이다. 오랫동안 몽골 유목민족에게 침략당해 온 중국인이 몽골을 낮춰 부른데서 비롯된 것이다. 13세기 초, 몽골고원 일대에 흩어져 있던 몽골계 여러 부족을 통일하여 유목국가를 세운 칭기스칸은 부족의 이름에 지나지 않았던 몽골Mongol을 민족의 이름으로 바꾸었다. 그리고 그들의 땅을 '몽골리아'라고 불렀다. 몽골어로 몽골은 '세상의 중심'이라는 뜻이며 몽골리아는 '몽골인의 땅'이라는 뜻이다. 몽골의 공식 국명은 몽골국Mongolia이고 수도는 울란바타르Ulaanbaatar다.

몽골 지도

몽골은 남북 1,259km, 동서 2,392km에 국토면적이 157만km²로 한반도의 7.4배가 되지만, 인구는 278만 명 2010년 기준으로 한국의 20분의 1밖에 안 된다. 국토는 세계에서 18번째로 크나 인구는 138번째로 작다. 인구 밀도가 1.7명/km²으로 세계에서 가장 낮은 나라에 속한다. 그나마 인구의 40%가 수도 울란바타르에 집중돼 있다.

몽골반점은 칭기스칸이 찍은 도장

몽골의 역사는 종족보존을 위한 투쟁의 역사라고 할 수 있다. 18세기 이후 인구가 계속 줄어들어 20세기 초에 겨우 50만 명밖에 되지 않았다. 인구가 줄어든 원인은 라마교의 영향이 컸다. 당시 남자의 40%가 라마승으로 독신이었고 여자의 절반 가까이가 사원에서

몽골의 아이들

독신으로 지냈다. 더욱이 청나라는 몽골족이 늘어나지 않도록 하기 위해 초야권初夜權을 가진 라마승들에게 매독을 퍼뜨려 인구증가가 거의 멎다시피 했다.

지금도 몽골은 몽골종족의 번성이 국민적 염원이며 국가의 최우선적 정책과제다. 빨강과 파랑 색 바탕의 몽골 국기에 그려진 소욤보 Soyombo1) 무늬의 맨 위에 있는 불꽃은 '종족의 번성'을 나타낸 것이다. 정부의 적극적인 인구증가정책으로 1952~84년 사이에 전체 인구가 2배로 늘어났으며 지금은 2% 수준의 인구증가율을 유지하

---

1) 소욤보(煙臺)는 표의문자로 자유와 독립을 상징하는 민족적 문양으로 1924년에 정했음.

고 있다.[2] 몽골의 연령별 인구구성을 보면 70%가 35세 이하로 국민 전체의 평균연령이 21세밖에 안 된다.

정부의 다산정책으로 낙태가 법으로 금지돼 있으며 출산비·양육비·의료비의 정부 보조 등 임산부와 태아를 위한 여러 가지 제도가 있다. 출산한 아이의 수에 따라 출산상금지급, 연금지급, 훈장수여 등 여러 가지 혜택도 주어진다. 아이를 여덟 명 낳으면 '국가 어머니'라는 칭호를 받는다.

인종은 알타이계의 황색인종으로 우리와 같은 몽골로이드Mongoloid에 속한다. 우리 아이들처럼 몽골의 아이들도 엉덩이 위쪽에 푸른 몽골반점Mongolian spot이 있다. 몽골에서는 '칭기스칸의 도장'이라고 부른다.

국민의 92%가 몽골족이며 그 중 한국인과 비슷한 할흐 몽골족Khalkh Mongols이 90%로 가장 많다. 소수민족의 대부분이 카자흐족Kazakhs(5.9%)이며 그 밖에 17개 부족이 있다. 카자흐는 '방랑자'라는 뜻이다. 그들은 몽골의 가장 서쪽 끝에 살며 이슬람교를 믿는다.

2006년 7월 울란바타르에서 몽골제국 건국 800주년을 기념하여 '몽골민족 세계대회'가 열렸다. 29개국에서 약 300명의 대표가 참석했다. 현재 몽골민족은 전 세계에 약 1,200만 명이 있다. 그 중 몽골에 약 300만 명, 중국에 약 750만 명, 나머지 150만 명이 부리야

---

2) 13세기 칭기스칸 시대에 200만 명이었던 인구가 20세기 초에 50만 명으로 줄었고 그 후 정부의 적극적인 인구증가정책으로 1935년에 74만 명, 1955년에 85만 명, 현재 300만 명으로 증가.

초원과 가축들

트 Buryiat 공화국을 비롯한 시베리아 일대에 거주한다. 러시아, 중국, 몽골로 분할되어 있는 몽골민족의 통일이 그들의 꿈이고 희망이다.

대초원·대산맥·대사막

몽골은 약 4억 년 전 바다에 최초로 모습을 드러낸 육지였다. 지금은 평균고도 1,580m의 광대한 고원으로, 우리나라의 오대산 정상과 그 높이가 비슷하다. 지형은 전체적으로 서쪽이 높고 동쪽이 낮다. 가장 높은 곳이 서부에 있는 높이 4,366m의 후이튼 산의 어르길 Huityn Origil 봉이며 가장 낮은 곳이 동부에 있는 높이 532m의 허호 호수 Huh Nuur 다.

고비 사막 가는길

　　국토의 71%가 초원으로 초지가 많은 것이 몽골의 지리적 특색이다. 초지 비율이 세계에서 가장 높다. 그밖에 몽골은 21%가 사막이고 8%가 산악과 삼림지대다.

　　몽골의 중부는 유목에 적합한 광대한 초원지대이고, 북부는 시베리아의 타이가와 연결돼있는 침엽수 삼림지대. 서부는 항가이와 알타이 두 산맥이 동서로 뻗어 있는 산악지대로 만년설이 덮인 4,000m 이상의 고산들이 이어져 있으며 희귀자원이 풍부하다. 중국과 접한 남부는 광대한 반半사막지대로 공룡화석과 희귀동식물의 보고寶庫다. 동부는 평원지대로 일부에 경작지가 있어 '몽골의 곡창'이라고 불린다.

초원 속을 흐르는 사행천

수천 개의 하천과 호수

몽골은 물이 귀한 나라인데도 5,300개의 하천, 7,800개의 연못, 3,600개의 호수가 있다. 강과 하천의 길이를 합치면 67,000km에 이른다. 하천은 대부분이 초원을 흐르다가 도중에 자취를 감추는 내륙성 하천이다.

가장 큰 호수는 몽골의 서북부 끝, 러시아 국경 가까이 있는 소금호수 옵스 Uvs Nuur(세계자연유산)다. 그 크기가 3,350㎢로 제주도의 두 배나 된다. 그 다음이 전 세계 담수의 2%가 담겨 있는 호수 홉스굴 Hovsgol Nuur이며 그 넓이가 2,620㎢로 제주도의 1.5배다. 가장

하얗게 만년설이 덮인 알타이산맥

긴 강은 오르혼 강$^{Orhon\ gol}$3)이고 그 다음이 헤르렌 강$^{Herlen\ gol}$4)이다. 그 밖에 북부 산악지역을 지나 바이칼 호로 흘러가는 셀렝게 강$^{Selenge\ gol}$5), 동부지역을 흐르는 오논 강, 수도 울란바타르 주변을 흐르는 톨 강$^{Tuul\ gol}$이 있다. 이처럼 몽골은 초원, 산, 숲, 사막, 호수 그리고 강이 어우러져 있는 대자연의 나라다. 가끔 지진도 발생한다.

---

3) 항가이산맥에서 발원하여 아르항가이, 볼간, 셀렝게 아이막을 관통하는 1,124km의 강.
4) 헨티산맥에서 발원하여 헨티, 도르노드 아이막을 관통하는 길이 1,090km의 강.
5) 몽골의 항가이산맥서 발원하여 러시아의 브리야트공화국을 거쳐 바이칼로 흘러드는 길이 1,000km의 강.

섭씨 40도의 여름-영하 40도의 겨울

몽골의 기후는 극단적인 대륙성 기후로 매우 건조하고 혹독하게 추우며 연교차와 일교차가 큰 것이 특색이다. 겨울은 길고 몹시 추우며 여름은 짧고 무덥다. 연평균 강우량은 200㎜로 우리나라의 6분의 1 수준이다. 나무가 자라거나 농사를 짓기에는 모자라고 풀이 자라기에 알맞을 만큼만 비가 온다. 비는 6월에서 9월 사이에 집중해서 내리기 때문에 1년에 약 257일이 맑은 날로 세계에서 일조량연 3,300시간이 가장 많다.

1월이 가장 춥고 7월이 가장 덥다. 겨울에는 영하 30~40도, 여름에는 영상 30~40도로 겨울과 여름의 기온차가 최대 80도나 되며 밤낮의 기온차가 20도가 넘는다. 특히 울란바타르는 연평균 기온이 섭씨 2도로 캐나다의 오타와와 함께 세계에서 가장 추운 수도이다.

몽골제국의 2대 어거데이칸의 즉위식(파리국립도서관 소장)

간추린 몽골의 역사

05

천년 이상 몽골고원을 지켜온 푸른 이리의 후예들

기원전 3세기경 몽골고원을 중심으로 유라시아 일대에 투르크계와 몽골계의 기마유목민족들이 흩어져 있었다. 그들 중에서 처음으로 나라를 세운 것은 투르크계의 흉노 匈奴6)였다. 기원 1세기 한 무제 漢武帝에 의해 흉노가 멸망한 뒤에 약 천 년 동안 선비 鮮卑7)-유연 柔然 8)-돌궐 突厥 9)-회골 回鶻 10)-거란 契丹 11)이 차례로 지배했다. 이들 기마유목민족 중 흉노, 돌궐, 위구르는 투르크 계통이고 만주는 퉁구스 여진 계통이며 선비, 유연, 거란, 몽골은 몽

몽골제국을 세운
세계 정복자 칭기스칸

---

6) Hunnu : 기원전 3~5세기까지 몽골고원에서 활약한 기마유목민족.
7) Sumbe : 몽골 동부의 투르크계 유목민족, 2-3세기경 몽골고원 지배.
8) Nirun : 4~6세기에 몽골고원 일대를 지배했던 유목민족.
9) Turk : 6~8세기에 중앙아시아 일대를 지배한 투르크계 유목민족.
10) Uigur : 8~9세기에 몽골고원과 중앙아시아를 지배한 투르크계 유목민족으로 위구르라고도 함.
11) Kidans : 투르크계와 몽골계가 혼합된 유목민족

간추린 몽골의 역사 055

골 계통이었다. 12세기 후반에 흑룡강 상류의 남쪽, 흥안령 북부에 거주하며 수렵생활을 해오던 몽골민족이 몽골고원을 지배했다.

대몽골제국시대

몽골제국의 2대 어거데이칸

13세기 초 몽골고원의 동북부의 대초원에 흩어져 있던 몽골부족을 통일하고, 오논 강 강변12)에서 열린 몽골부족장회의 쿠릴타이Khuriltai 13)에서 대칸으로 추대된 칭기스칸은 몽골제국Ikh Mongolia Ulus을 세웠다.

칭기스칸은 부족공동체를 해체하고 십진법에 따른 군사조직 겸 행정조직인 천호제千戶制를 도입하여 95개의 집단으로 개편했다. 각 집단은 아르반열명, 조백명, 밍간천명, 투멘만명 단위로 조직되어 한 사람이 서너 필의 말을 갖고 갈아타면서 이동하는 기동력 있는 체제를 갖추었다. 이 천호제는 적에게 쫓기어 도망가면서도 뒤로 활을 쏘는 궁술과 함께 몽골군을 최강으로 만든 핵심요소였다.

칭기스칸은 강력한 기마군단을 앞세워 영토를 확장해나갔다. 1221년에 서아시아의 투르크 이슬람계의 호라즘Khorazm 14)왕조를 무너뜨리고 이어 1227년에 서요西遼 15)를 정복했다.

---

12) 헨티산맥 동쪽에서 발원하여 몽골북동부와 러시아 중동부를 흘러 실카강과 아무르 강으로 연결되는 강. 그 상류가 칭기스칸의 고향임.
13) 몽골어로 집회라는 뜻. 몽골민족의 부족장들의 대집회, 이 회의에서 대칸의 선출이나 원정 등을 결정.
14) 11세기 지금의 이란과 중앙아시아 일대를 지배했던 이슬람 왕국. 셀주크왕조가 임명한 맘루크(노예)의 지방장관이 자립한 왕조.
15) 12~13세기 거란인이 중앙아시아에 세운 나라. 카라 키타이라고도 함.

서하를 공격하고 있는 몽골군

 그는 서하西夏16) 원정 도중에 중국 깐수성甘肅省 칭수이현清水縣 시쟝西江에서 사망했다. 이때 그의 나이 66세였다. 그의 자손들은 칭기스칸의 유언에 따라 사망 사실을 숨긴 채 서하를 정복한 다음에 그의 유해를 몽골로 옮겨왔다. 그러나 지금까지 그의 무덤을 찾지 못하고 있다.

---

16) 11세기~13세기에 중국 서북부에 티베트 계통의 탕구트족이 세운 나라.

칭기스칸과 몽골군의 그림들

　　칭기스칸이 죽은 후에도 '해가 뜨는 곳에서 해가 지는 곳까지 하늘이 주었으니 우리는 정복을 계속한다'는 명분 아래 그의 후손들은 세계정복을 계속했다. 2대 어거데이칸(Ogedei Khan: 1186~1242: 칭기스칸의 셋째 아들)은 1234년에 금金을 정복했고 1235년에 수도를 카라코름Karakorum으로 옮겼다.

　　당시 기독교가 지배하는 유럽에서는 몽골인을 그리스 신화에 나오는 지옥 '타타로스Tartaros'에 비유하여 '무시무시한 사람'이란 뜻으로 '타타로스인'이라고 불렀다.

　　어거데이칸이 죽자 내분으로 영토 확장이 한때 중단됐다. 그 뒤 다시 재개되어 4대 몽케칸(Munkhe Khan : 1208~1259 : 칭기스칸의 손자) 때 중국의 남송南宋만 제외하고 동남아 일대를 거의 정복했고, 1258년에는 이슬람세계의 아바스 왕조 Abbasid dynasty17)마저 정복했다. 몽골제국은 중앙아시아에 이어 러시아, 동유럽, 중동지역을 정복하여 유라시아 전역에 인류사상 최대의 제국을 이루었다.

팍스 몽골리카

1260년 5대 칸에 오른 쿠빌라이칸(Kublai Khan : 1215~1294 ; 칭기스칸의 손자)은 고려를 귀속 시키고 1271년에 수도를 몽골고원의 카라코룸에서 대도大都(지금의 베이징)로 옮겼다. 1279년에는 남송을 멸망시키고 중국을 통일하여 군사적·봉건적 대군주국가인 원元(1279~1364)을 세웠다. 대몽골제국은 원을 종주국으로 하고 광대한 영토를 4개의 나라18)로 분할하여 지배하는 세계연방을 구축했다.

중앙아시아의 동부 몽골고원에서 일어나 대몽골제국(1271~1368)을 세운 몽골민족은 13세기 중반부터 약 1세기 반 동안, 인류사상 가장 광대한 영토를 지배했다. 유라시아 대륙은 몽골민족이 지배하는 다민족, 다언어, 다종교, 다문화의 정치경제체제 하에서 땅에는 경계가 없고 사람 사이에는 차별이 없는 '팍스 몽골리카Pax Mongolica', 즉 몽골의 평화를 실현했다.

몽골제국의5대 쿠빌라이칸

---

17) 아바스 왕조(750~1258): 이슬람제국의 두 번째 왕조로서 수도 바그다드 중심으로 이라크 남부를 지배했음.
18) 어거데이 칸국(Ogotai ulus), 중앙아시아의 차가타이 칸국(Chagatai ulus), 러시아의 킵차크 칸국(Kipchack ulus), 이란의 일 칸국(Il ulus).

인류사상 가장 넓은
영토를 지배한
대몽골제국의 판도

초원에 묻혀버린 제국

쿠빌라이칸이 죽은 후, 원은 황제 계승권을 둘러싼 내부 권력다툼, 홍건적의 난, 라마승의 횡포로 인한 정치혼란, 재정파탄 등으로 점차 쇠퇴하다가 1368년에 주원장 朱元璋이 세운 명 明(1368~1644)에 의해 멸망됐다. 몽골민족이 몽골고원으로 물러간 후 대몽골제국은 몽골의 초원에 영원히 묻혀버리고 말았다.

몽골고원으로 쫓겨 온 몽골민족은 겨우 명맥만 유지하다가 17세기 중엽에 청 淸의 속국이 되어 약 250년 동안 그 지배를 받았다.

몽골군의
전투용 투구와 방패

20세기 초 신해혁명 辛亥革命19)으로 청이 무너진 혼란기에 몽골은 독립하여 전권군주제국가를 세웠다. 그러나 오래가지 못하고 몽골은 다시 중국의 자치국이 됐다.

사회주의 국가로 재기

1921년의 사회주의 혁명으로 청의 지배로부터 벗어난 몽골은 1924년에 몽골 인민공화국을 수립하여 세계에서 두 번째 사회주의 국가가 됐다. 수도의 이름도 우르가Urga에서 울란바타르Ulaanbaatar로 바꾸었다. 몽골은 제2차 세계대전에서 일본과 싸워 이겨 전승국이 됐다. 1946년 중·몽 국경이 확정되면서 내몽골과 외몽골이 완전히 분열됐다. 1956년 소련군이 몽골에 주둔하면서 몽골은 소련식 사회주의 국가가 됐다.

---

19) 1911년 청나라를 무너뜨리고 중화민국을 건립한 중국의 민주주의 혁명. 라마교의 제8대 활불(活佛) 달라이 라마인 제브춘 담바호닥트가 복드칸(국가수반)이 됨.

지금의 몽골

1992년 동유럽 국가들의 사회주의체제의 붕괴와 함께 몽골의 사회주의체제도 무너졌다. 자유민주주의체제로 바뀐 몽골은 계획경제로부터 시장경제체제로 전환되어 오늘에 이르고 있다. 우리나라와는 1990년 4월에 국교를 맺었다.

지금의 몽골은 주요 산업인 유목이 되살아나는 가운데 산업의 공업화가 진행되고 있다. 또한 칭기스칸 숭배, 불교신앙, 그리고 전통관습이 부활되고 있다.

원의 멸망과 함께 그들 삶의 터전인 몽골고원으로 돌아온 몽골민족은 선조들이 그랬던 것처럼 지금은 초원에서 가축을 기르며 유목민으로서 살아가고 있다. 아직은 국민총소득[20]이 낮고 후진국에 머물러 있으나 몽골의 경제는 착실히 성장하고 있다. 그 성장의 원동력이 광업이다. 초지율이 세계 제일일 뿐만 아니라 텅스텐 세계 5위, 몰리브덴 세계 7위, 우라늄 세계 14위 등 희소광물과 석탄 세계 4위, 구리 세계 2위, 형석 세계 3위, 인 세계 3위, 그밖에 원유, 주석, 니켈, 아연, 금 등이 대량으로 매장돼 있는 세계 10대 자원부국이다. 21세기에 몽골은 세계 유일의 유목국가로서, 그리고 세계적인 관광대국으로서, 자원부국으로서 비약적으로 발전하리라 기대된다.

몽골 독립의 영웅
수흐바타르 기념우표

---

20) 2009년도 1인당 개인소득(GNP)이 3,200달러임.

담딘스렌의 인민혁명 40주년 기념 포스터와 수흐바타르

겨울궁정 입구문장식(울란바타르)

종교와 전통문화 06

자연신앙과 유목에 뿌리 둔 종교와 문화

몽골의 종교는 티베트 불교인 라마교 Lamaism다. 하지만 그 바탕에는 원시신앙인 샤머니즘이 깊이 뿌리 내리고 있다. 불교와 샤머니즘이 공존한다고 보아야 한다.

원래 몽골의 종교는 샤머니즘이었으나 13세기 쿠빌라이칸 때 티베트 불교가 들어오면서 점차 사라졌다. 16세기부터 불교가 크게 번창하여 지금은 국민의 94%가 라마교를 믿는다.

라마Lama는 티베트어로 '위대한 스승'이라는 뜻으로 고승高僧을 가리킨다. 활불活佛[21]이라고도 불린다. 활불은 사람의 모습을 하고 이 세상에 태어난 살아 있는 부처다. 티베트 불교는 라마라고 불리는 고승을 중요시하기 때문에 라마교라고 불리게 됐다.

---

[21] 티베트어로 화신(化身)이라는 뜻이다. 부처나 보살의 전생자(轉生者)라고 할 수 있는 성인이다. 티베트 불교에서는 불교의 삼보(三寶: 부처佛·불경법法·승려僧) 외에 활불을 숭배한다.

라마교의 스님

　20세기 초 공산정권이 수립됐을 때 몽골에는 약 11만 명의 라마승이 700군데가 넘는 수도원과 사원에서 수도생활을 하고 있었다. 1930년대에 공산정권의 종교탄압이 시작되면서 전국의 모든 불교사원과 수도원이 폐쇄됐고 종교행사가 금지됐다. 많은 라마승들이 학살되거나 시베리아의 강제수용소로 유배됐다. 이때 몽골의 대부분의 불교문화유산이 파괴됐다. 다만 울란바타르의 복드칸 겨울 궁전, 간단사원, 카라코름의 에르덴 조사원은 박물관으로 사용되어 파괴를 면했다. 1992년의 민주화로 종교의 자유가 보장되면서 불교가 다시 살아나 현재 250여 개의 사원이 재건됐다.

불교와 함께 몽골인의 생활에 깊이 뿌리를 내리고 있는 샤머니즘도 공산주의 시대에 탄압을 받았지만, 민주화 이후에 다시 살아났다. 몽골의 초원에서 자주 만나는 오보만큼은 공산주의 시대에도 없애지 못했다.

배우기 어려운 몽골문자

몽골의 표준어는 할흐 몽골어 Khalkha Mongol다. 몽골어는 한국어와 마찬가지로 우랄알타이어계 언어인 알타이제어 Altaic languages[22])에 속하기 때문에 문법이 비슷하다. 그러나 몽골의 언어와 문자는 각각 다른 언어 그룹에 속해 있다.

원래 몽골의 문자는 갈릭문자 Galica 라고 불리는 26자로 된 표음문자였다. 옛 문자라고도 불리는 이 문자는 13세기에 투르크계의 위구르족으로부터 빌려온 문자를 14세기에 몽골문자로 바꾼 것이다. 아직도 초원에는 옛 문자로 쓴 비문이 많이 남아 있다. 그 중 가장 오랜 것이 1224년 무렵에 쓴 「칭기스칸 비문 Chinggis Stone」으로 현재 러시아 상트페테르부르크의 에르미타주 박물관에 소장돼 있다.

수흐후바타르 동상에 새겨져 있는 몽골의 옛 문자

22) 유라시아대륙 알타이지방에 산 알타이계 여러 민족이 사용한 언어. 터키어, 몽골어, 한국어, 일본어 등이 해당됨.

1946년의 문자개혁으로 옛 문자는 폐기되고 소련의 키릴문자 Cyrillic alphabet 에 2자를 추가한 35자로 된 새 문자를 현재 사용한다. 1994년부터 옛 문자를 다시 사용하려고 했으나 배우기 너무 어려워 보류되고 있다. 몽골은 문맹률이 매우 낮은 국가로 국민의 98%가 글을 읽는다.

신이 내린 소리

전통음악 공연 장면

전통음악인 허미 Khoomii 는 몽골 유목민만의 독창적인 창법이다. 가수가 뱃속 깊은 곳에서 동시에 높낮이가 다른 두 개의 소리를 내어 아름다운 조화를 이룬다. 그 음성이 매우 신비로워서 '신이 내린 소리'라고도 한다. 허미는 몽골의 자연과 유목민의 삶을 표현한 서사시 같은 느낌을 준다.

전통 어깨춤과 탈춤

몽골의 전통예술은 유목문화와 자연신앙에 뿌리를 두고 있다. 20세기 초 공산혁명 이후에는 사회주의의 영향을 많이 받았으나, 민주화된 이후 원래의 전통 몽골문화가 되살아나고 있다.

몽골의 대표적인 전통무용에는 어깨를 올리고 몸을 앞뒤로 흔드는 춤 비엘게에 Bielgee 와 탈춤 참 Tsam 이 있다. 비엘게에는 유목생활에서 생겨난 몽골 유목민 고유의 춤이다. 참은 18세기에 티베트로부터 전파된 춤이다. 참은 '춤'이라는 뜻의 티베트어다. 가면을 쓴 수호신이 악마 신들을 쫓아버리는 춤으로 한번 춤추는 데 100개가 넘는 가면을 사용한다.

몽골의 전통춤 참의 가면

눈물 흘리는 어미 소

2천년 넘는 역사를 자랑하는 몽골의 전통악기 머링 호르 Morin Khuur 는 세계무형유산으로 등록된 현악기로 흉노시대에 생겼다고 한다. 몽골어로 머링 호르는 '말의 악기'라는 뜻이다. 이 악기는 이름처럼 악기의 머리 부분이 말의 머리 모양으로 장식돼 있어 마두금馬頭琴이라고도 불린다. 사각형의 몸통 부분은 염소나 낙타가죽을 입힌다. 악기의 머리 부분은 하늘을, 몸통 부분은 땅을 상징한다. 우리의 해금奚琴처럼 두 줄로 된 현악기로 그 음색도 비슷하다.

마두금에 장식된 말의 머리 모양이 모두 다르다. 16세기 청나라가 몽골을 지배했을 때 마두금의 머리장식을 용으로 바꾸었으나 지배에서 벗어나면서 다시 말 머리로 바뀌었다. 마두금은 360개의 말총을 꼬아 만든 현에서 나는 구슬프고 애절한 가락 때문에 '초원의 첼로'라고도 불린다. 마두금의 유래에 대한 「후후 남지르의 하얀 말」이라는 슬픈 민화가 전해오고 있다.

마두금의 소리는 몹시 오묘하고 애잔한데 몽골 유목민의 마음을 잘 나타낸 소리라고 한다. 현대음악으로부터 클래식음악까지 폭넓게 연주할 수 있는 악기다. 또한 물 소리, 바람 소리, 말 달리는 소리 등을 낼 수 있다. 김안려[23]의 시 한 편을 감상해 보자.

---

23) 김안려 경북 김천 출생, 1999년 〈심상〉을 통해 등단. 시집에 『마두금 연주에 눈물 흘리는 어미』, 『복숭아에 난 벌레의 길』 등이 있음.

마두금 연주에 눈물 흘리는 어미 소

거칠게 날뛰며, 젖을 빨려 하는
어린 새끼를 걷어차고 만다

비칠비칠 일어나 다시 어미 곁으로 가는
어린 새끼, 이젠 제대로
일어서지도 못 한다

젖을 먹지 못해 안타깝게 사그라드는
한 생명을 구하기 위해
마두금 연주가 시작된다

끊어질 듯, 이어질 듯 애잔하게 흐르는 음악
어미가 차츰 조용해지며 두 눈이
잔잔해지더니 큰 눈망울 가득 눈물이 고인다

가만히 젖을 내어주는 어미
실컷 젖 먹고 난 새끼
서로의 눈빛이 따뜻하다

초원의 첼로라 불리는 마두금

예로부터 몽골에서는 어미 가축이 새끼에게 젖을 주지 않을 때 마두금을 연주하면 구슬픈 가락을 듣고 어미 가축이 눈물을 흘리면서 모성애를 되찾아 젖을 먹인다고 한다.

NOMADIC STORY

유목 이야기

몽골의 유목

07

목초지를 옮겨 다니며 가축 방목

몽골의 유목은 2천 년 이상의 역사를 가졌다. 유목遊牧은 일정한 거주지를 갖지 않고 대자연 속에서 자생하는 목초를 찾아다니며 가축을 기르는 자연목축이다. 연간 강우량이 200㎜ 이하의 가혹한 자연조건에서 인간이 살아남기 위한 생활형태가 유목이다. 유목의 유遊는 '놀다'라는 뜻도 있지만, '옮겨 다닌다'라는 뜻도 있다. 따라서 유목이란 옮겨 다니며 가축을 기르는 것을 가리킨다. 초원에서 방목하여 기른 가축으로부터 의식주에 필요한 모든 것을 얻어 생활하는 사람들이 유목민이며 유목을 국가 기간산업으로 하는 나라가 유목국가다.

몽골은 세계 유일의 유목국가이며 국민의 3분의 1 이상이 유목민이다. 몽골의 유목민은 봄부터 가을까지 목초가 무성한 초원을 찾아다니며 가축을 기른다. 찬바람이 불고 땅이 얼면 가축과 함께 언덕 기슭 양지바른 곳으로 옮겨가 그곳에서 춥고 긴 겨울을 난다.

초원 언덕의 가축떼들

하루하루가 자연과의 싸움

유목생활은 하루하루가 가혹한 자연과의 싸움이다. 몽골의 여름은 무덥고 겨울은 매우 춥다. 강우량이 적어 매우 건조하고 물이 귀하다. 혹독하고 변화가 심한 자연 속에서 살아가기 위해 몽골 유목민은 자연의 소리에 귀를 기울이고 자연의 뜻을 따른다. 그들은 절대로 자연을 이기려 하지 않고 또한 파괴하지도 않는다. 그들은 자연에 순응하고 자연을 있는 그대로 활용한다. 그것도 필요할 때 필요한 것을 필요한 만큼만 사용하면서 살아간다. 유목민에게 있어서 자연은 정복의 대상이 아니고 공존의 대상이다.

　자연 속에서 유목생활을 하기 위해서는 기후, 목초, 가축, 유목에 관한 풍부한 지식과 필요한 지혜를 가져야 한다. 하지만 그러한 지식이나 지혜는 기록이나 책을 통해 알 수 있는 것이 아니다. 스

스로 경험을 통해 터득하거나 경험 많은 노인들로부터 듣고 알 수밖에 없다. 그러기 때문에 몽골인들은 경험이 풍부한 노인 한 사람이 죽으면 도서관 하나가 없어지는 것과 같다고 말한다.

유목민의 긴 하루

초원의 아침은 빠르고 유목민의 하루는 길다. 해 뜨기 전 어둑새벽에 일어나 가축의 젖을 짜서 수테차 우유로 만든 차를 끓여 마시고 가축의 젖으로 만든 유제품으로 간단히 아침식사를 마친다. 남성은 지형을 살피고 그날의 날씨와 바람을 가늠하여 가축에게 먹일 풀이 무성하고 물이 있는 초원으로 말을 타고 나가 종일 가축과 함께 지낸다. 여성은 젖 짜는 일부터 유제품을 만드는 일까지 바쁜 하루를 보낸다. 아이들은 부근의 우물에 물을 길러가거나 초원에 나가 연료인 마른 소똥이나 말똥을 줍는다.

　유목생활에서는 남자와 여자의 역할이 분담돼 있다. 게르를 옮기거나 짓는 일, 가축을 초원에서 방목하고 관리하는 일, 가축의 불까기 거세나 낙인을 찍는 일, 잃어버린 가축을 찾는 일은 남자들의 몫이다. 반면에 젖 짜는 일, 양털을 깎는 일, 가축의 젖으로 유제품을 만드는 일, 음식을 만드는 일, 짐승의 가죽이나 털로 옷을 만드는 일 등은 여자들의 몫이다. 저녁 식사는 7시경에 가족이 함께 한다. 몽골 유목민은 하루에 한 번 저녁에만 고기를 요리해서 먹는다. 저녁식사 후에도 새끼 양을 돌보고 젖을 짜고 유제품을 만들기 때문에 매우 바쁘다. 마지막 젖을 짜는 일은 9시경이나 돼야 끝난다. 몽골의 여름은 백야白夜 현상 때문에 10시가 넘어야 어두워지고 겨울은 흑야黑夜 현상으로 5시 이전에 어두워진다. 그렇게 어두워지면 하루를 마감하고 잠자리에 든다.

초원에서 말대신 오토바이를 이용하는 근대화 되고 있는 유목생활

유목의 사계절

몽골에도 사계절이 있다. 초원이 신록으로 덮이는 봄과 황금빛으로 물드는 가을은 깜박할 사이에 지나간다. 목초가 무성한 여름은 짧아 조금만 더 길었으면 하는 아쉬움을 갖게 한다. 눈이 쌓여 초원이 하얗게 설원雪原으로 변하는 겨울은 길고 매우 춥다.

몽골 유목민은 계절에 맞추어 일 년에 네 번 유목지를 옮겨 가며 가축을 기른다. 유목민의 연간 이동거리는 지역이나 초지의 상태에 따라 다르지만, 일반적으로 반경 40㎞를 넘지 않는다.

재생의 계절 봄

4월에서 5월까지가 대자연이 다시 살아나고 새로운 가축이 태어나는 재생의 계절인 봄이다.

> 멀고 먼 곳으로부터 태양이 다가와
> 하얀 눈이 녹을 때
> 흑백의 낡은 풍경이 사라지고
> 만물이 자신의 색깔을 되찾는다.
> 신록이 돋는 초원에서
> 가축들은 풍요로움을 즐긴다.

몽골의 봄은 나착도르지의 시 「봄」처럼 다가온다. 봄에는 눈이 빨리 녹는 따뜻한 봄 유목지 '하와르자'로 옮겨가서 가축을 기른다. 5월 말이나 되어야 초원에 싹이 튼다. 초원에 제일 먼저 돋는 풀은 몽골어로 '야르고'라고 불리는 아네모네이며 제일 먼저 피는 꽃은 할미꽃이다.

몽골의 봄은 기후변화가 심하고 연중 가장 건조하며 모래바람이 심하게 분다. 모래바람 때문에 여자들의 얼굴이 트고 피부가 나무껍질처럼 거칠어진다 해서 '봄 여자는 낙타도 웃고 지나간다'는 속담이 있을 정도다.

봄은 가축들이 새끼를 낳는 계절이다. 3월에 양과 염소, 4월에 소, 5월에 말과 낙타가 새끼를 낳는다. 봄이 끝날 무렵이 되면 60년대까지 우리나라 농촌에서 겪었던 '보릿고개'처럼 몽골에는 '젖고개'를 겪는다. 저장해두었던 고기도 바닥이 나고 초원에는 아직 풀이 나지 않아 가축들은 먹을 것이 없고 젖도 나지 않아 이때가 일 년 중 가장 어려운 시기다.

하얗게 눈 덮였 설원이 녹색으로 바뀌고 야생화가 만발한 초원의 봄

풍요의 계절 여름

6월에서 8월까지가 모든 것이 풍성한 계절인 여름이다. 여름에는 가축들이 좋아하는 목초가 무성하고, 서늘하고 물이 풍부한 하천이나 호숫가에 있는 여름 유목지 '조슬랑'으로 옮겨가서 가축을 기른다. 남자들은 매일 이른 아침부터 말을 타고 초원으로 가축들을 데리고 나가 좋은 풀을 마음껏 먹여 살찌게 한다. 아녀자들은 가축의 젖을 짜서 여름의 주식인 마유주와 유제품을 만든다.

황금의 계절 가을

9월에서 10월까지가 '알탕 나마르 Altan namar'라고 불리는 황금의 계절인 가을이다. 가을에는 월동 준비를 하는 데 적합한 가을 유목지 '나마르자'로 옮겨간다. 가축이 추운 겨울을 나는 데 필요한 마

녹색 세계로 바뀌고 목초가 풍성한 계절 여름

른 풀을 마련하고 젖을 짜고, 양모를 깎아 펠트felt 가축의 털로 짠 모직물를 만든다. 부족한 겨울 식량을 비축하기 위해 야생동물을 사냥한다. 난방 연료인 아르갈마른 소똥도 주워 모은다. 10월에 들어서면 유목민의 마음은 아직도 가을인데, 바람은 차가워지고 때때로 눈보라까지 휘날린다.

몹시 추운 계절 겨울

11월부터 다음해 3월까지가 혹독하게 춥고 기나긴 겨울이다. 이때는 차디찬 북서풍을 피하기 위해 아늑하고 눈이 덜 쌓이는 언덕 기슭에 만든 몽골 고유의 겨울 집 '어블저'에서 가축과 함께 지낸다. 겨울 유목지는 매년 장소가 같다. 그곳에는 작년에 연료로 쓰다 남은 아르갈이 그대로 있다. 겨울 동안 몽골 유목민의 주식은 가축의

겨울 준비에 바쁜 계절 가을의 황금 초원

고기다. 가축들은 들에 나가서 입이나 앞발로 눈을 치우고 그 밑에 깔려 있는 마른 풀을 먹는다.

몽골의 겨울은 '9·9 추위'라고 해서 동지부터 시작하여 추위가 9일 단위로 9번 81일 동안 지나가야 끝난다. 몽골에서는 추위를 삶에 빗대어 어린 추위, 젊은 추위, 늙은 추위로 구분하기도 한다.

겨울에 심한 냉해 조드, dzud 로 많은 가축이 죽는 때가 있다. 눈이 오지 않아 가축들이 마실 물과 먹을 풀이 모자라 일어나는 하르 조드 검은 조드와 눈이 너무 많이 와서 가축이 눈 속의 마른 풀을 제대로 먹지 못하여 일어나는 차강 조드 흰 조드가 있다. 여름에는 가뭄 피해와 초원에 화재가 일어나기도 한다.

천지가 눈으로 덮인 겨울
초원의 산기슭 아늑한 곳에
자리 잡은 겨울집

변모하는 유목생활

몽골 유목민은 예나 지금이나 별로 달라진 것이 없다. 그들의 선조들의 생활방식을 거의 그대로 고수해 왔다. 그들의 생활은 문명의 이기나 물질적 혜택과는 거리가 멀다. 그러나 그들의 삶에는 우리들과는 차원이 다른 그들 나름대로의 행복이 있다.

그런데 최근에 조금씩 달라지고 있다. 초원에서 이동하는 데 말뿐만 아니라 오토바이나 지프를 이용하고 가축을 기르면서 라디오를 듣고 게르 안에서 텔레비전을 보는 유목민이 조금씩 늘고 있다. 전원은 풍력발전이나 태양전지를 사용한다. 게르의 바깥에 태양열 집열판이나 위성 텔레비전용 접시 안테나를 설치한 것을 종종 볼 수 있다.

정부가 유목민의 생활수준을 향상시키기 위해 생활의 근대화를 적극적으로 권장함으로써 일어난 변화다. 정부는 가축과 함께 늘 이동하는 유목민에게 독립된 소형 태양발전 시스템이나 휴대전화의 사용을 권장하고 있다.

민주화 이후 몽골의 유목생활도 도시화되는 변화를 보이고 있다. 몽골의 경제가 아무리 발전하고 또 도시화되더라도 초원과 유목민이 계속 남아 있기를 지구촌 모두는 바랄 것이다.

초원에서 양을 방목하고 있는 몽골의 양치기 소녀

몽골의 초원 085

몽골의 초원

목초·가축·유목민이 공생하는 세계

08

몽골은 대부분이 초원이다. 가는 곳마다 가축에게 필요한 목초가 넘쳐난다. 그런 초원에 비는 농작물이나 나무가 자라기에는 모자라고 목초가 자라기에 알맞을 만큼만 온다. 이처럼 몽골은 땅을 갈아 농사를 짓기에는 적합하지 않지만, 가축을 기르기에는 천혜의 조건을 갖추고 있다. 몽골은 그야말로 유목의 천국이다.

일찍이 칭기스칸이 나라를 일으켜 다스리면서 '몽골민족이 유목을 하지 않고 농사를 짓는다면 그날로 망한다'고 했다. 물이 귀한 몽골의 경우 목초가 자연적으로 자라는 초원에서 가축을 길러야지 밭을 갈아 농사를 지으려고 하면 비용이 몇 배가 더 든다는 것을 깨우쳐 준 것이다.

몽골은 대초원의 나라다. 그런데 막상 몽골여행을 해보면 초원다운 초원을 보기가 쉽지가 않다. 울란바타르의 도심에서 차로

30분만 교외로 나가면 초원을 볼 수는 있다. 그러나 그 초원은 도시주변의 오염되고 메마른 초원이다. 울란바타르 교외로 100㎞ 이상을 나가야 비로소 초원다운 초원을 볼 수 있다. 여러 번 몽골여행을 하더라도 '이것이 몽골의 대초원이구나' 하며 감탄할 수 있는 기회는 그렇게 많지 않다. 몽골여행을 가서 울란바타르와 그 주변만 헤매다 오기 때문이다.

초원길이 지평선까지
뻗어 있는 초원

소유의 대상이 아닌 초원

초원은 유목의 터전이지만, 그렇다고 해서 초원에 철조망을 치고 땅의 소유를 주장하는 유목민은 아무도 없다. 초원은 누구나 언제나 어디서나 자유로이 가축을 기를 수 있는 유목민 모두의 자산이다. 이 불문율은 칭기스칸 시대부터 전해 내려오는 전통이다.

몽골 유목민은 그러기 때문에 농경민처럼 땅에 얽매이지 않는다. 현재 방목하고 있는 것보다 몇 배가 넘는 광대한 초원이 있어, 초지 때문에 유목민 사이에 분쟁이 일어나는 일은 거의 없다.

흐르다가 도중에 없어지는 초원의 실개천

햇빛에 따라 색이 수시로 변하는
아름다운 초원

유목의 지혜가 넘치는 세계

몽골의 초원은 가축을 유목하는 데 필요한 지혜가 넘치는 세계다. 몽골 유목민은 초원에서 가축을 기르는 데 있어서 오랜 경험으로 얻은 나름대로의 생활지혜를 갖고 있다. 예컨대 초원에서 가축을 방목할 때, 풀뿌리까지 먹도록 놔두지 않고 풀만, 그것도 될 수 있으면 짧게 먹도록 한다. 가축이 풀뿌리까지 먹도록 버려두면 초원이 망가져버리기 때문이다. 그래서 긴 혀로 긴 풀만 뜯어 먹는 말을 제일 먼저 방목한다. 그 다음에 중간 크기의 풀을 뜯어 먹는 소와 염소를, 맨 마지막에 짧은 풀을 뜯어 먹는 양을 방목한다.

또 양을 방목할 때 반드시 산양을 섞어서 방목한다. 산양은 매우 바빠 돌아다니기 때문에 산양의 뒤를 쫓아다니는 양도 덩달아 옮겨 다니게 된다. 그렇게 하면 양이 한군데 머물며 풀뿌리까지 먹는 일을 막을 수 있다. 그래야 다음해에 그곳에 다시 풀이 날 수 있

기 때문이다. 고비지역에서는 가시 있는 풀을 양이 먹지 않도록 소화력이 월등한 낙타를 먼저 방목한다.

　농사의 경우에 농토를 몇 년에 한 번씩 주기적으로 놀리듯이 초원도 고갈되지 않도록 금년에 양을 방목한 목초지는 4~5년 후에나 다시 양을 방목한다. 초원에서 가축이 물을 마시는 순서도 정해져 있다. 양, 산양, 염소가 먼저 마시고 다음에 말과 소가 마시며 낙타가 맨 나중에 마신다. 몽골 유목민은 날씨에 대한 예감이 무척 발달해 있다. 예컨대 구름 한 점 없는 맑은 하늘인데도 그들이 비 냄새가 난다고 하면 며칠 후에 어김없이 비가 온다고 한다.

　그들은 초원의 풀에 관해서도 많은 지식을 갖고 있다. 초원의 모든 풀이 목초가 되는 것은 아니다. 그들은 가축이 좋아하는 풀과 싫어하는 풀을 식별할 줄 안다. 우리들이 보기에는 초원의 풀이 모두 비슷하게 보이지만, 몽골의 초원에는 2천 종에 가까운 풀이 있

천진난만한 소년

고 그 중 7백 종이 영양가 있는 풀이다. 물론 그들은 영양가가 높고 가축별로 좋아하는 풀만을 골라 방목한다.

몽골은 물이 매우 귀한 나라다. 몽골 유목민은 물을 신성하게 여긴다. 그들은 물을 몸에 대는 것을 싫어한다. 심지어 하천이나 호수에서 몸을 씻지도 않는다. 초원에는 물이 없는 곳이 많기 때문에, 알루미늄 물통 서너 개를 손수레에 싣고 2km 이상 떨어진 산기슭에 가서 물을 길어 와야 한다.

그들은 물로 씻고 빠는 것도 싫어한다. 고양이 세수 하듯 한 컵의 물로 해결하는데 양치질한 물을 손에 받아 그 물로 세수를 한다. 몽골의 전통 옷인 '델'을 한번 입으면 해져버릴 때까지 빨래를 하

수줍게 웃는 소년의 누나

지 않는다. 음식을 먹고 나면 물 한 바가지로 그릇을 씻는다. 설거지 때 물을 사용하지 않고 행주로만 닦고 마는 경우도 있다.

마른 소똥이나 말똥은 주로 연료로 사용한다. 뿐만 아니라 게르 밑바닥에 그것들을 한 자 두께정도로 깔고 그 위에 양가죽과 양털탄자를 덮으면, 바닥에서 습기나 찬 기운이 올라오는 것을 막고 들쥐나 해충의 침입을 막아 준다. 게르 주위에는 돌처럼 보이는 바위소금이 항상 놓여 있다. 해질 무렵, 흩어졌던 가축들은 이 소금을 먹기 위해 제 발로 게르를 찾아 돌아온다. 건조한 기후 탓에 가축도 적당한 염분의 섭취가 필요하기 때문이다. 오랜 유목민의 생활지혜다.

유목의 상징 가축 동상

09 초원의 오축

초원의 다섯 보석 - 양·염·소·말·낙타

농경민에게 주요 곡식으로 오곡五穀이 있듯이 몽골의 유목민에게는 주요 가축으로 오축五畜이 있다. 양호니khoni, 염소야마yamaa, 소우헤르ukher, 말 머르mori, 낙타 테메temee가 오축으로 몽골어로 타왕 호쇼 말tavun hushuu mal이라고 불린다.

오축은 무리지어 다니기를 좋아하여 초원에 방목하기에 알맞고 가혹한 자연환경에서도 잘 견디며 불까기 거세가 쉬운 특징이 있다.

몽골에서 현재 방목되고 있는 오축은 양이 1,450만 마리, 염소가 1,380만 마리, 소가 210만 마리, 말이 200만 마리, 낙타가 30만 마리로 모두 3,270만 마리나 된다.

오축은 유목민의 유일한 재산이다. 몽골어로 가축을 '말Mal'이라고 하는데 '재산'이라는 뜻이다. 그렇다고 그들은 오축을 많이 기르려고 하지 않는다. 3~4백마리 정도를 적정규모로 본다. 그 정도면 가축을 잃어버려도 어느 가축을 잃어버렸는지를 알 수 있다고 한다.

오축 방목의 지혜

오축 중에서 양의 수가 가장 많다. 몽골의 양은 대부분이 크고 긴 꼬리에 지방을 많이 비축하고 있어 추운 겨울을 나는 데 유리하다. 양을 방목할 때 반드시 산양과 염소와 소를 섞어서 방목한다. 산양야마은 양떼를 이끄는 습성이 있어 양을 관리하는 데 도움이 된다. 양은 풀뿌리까지 뜯어먹는데 염소는 풀을 대충 뜯어 먹고 이동하기 때문에 양들도 염소를 따라서 이동하여 초원을 보호하는 데 도움이 된다. 소는 초원에서 지하수를 찾아내는 능력이 있어 오축을 방목하는 데 필요하다.

홀로 야생화를 즐기고 있는 양

경제성이 높은 양과 염소

오축 중에서 양과 염소가 경제성이 가장 높다. 몽골인은 양고기를 가장 좋아하는데 겨울에 주식으로 즐겨 먹는다. 양고기는 지방을 많이 함유하고 있어 추운 겨울을 나는 데 알맞기 때문이다. 양젖은 가공하여 유제품을 만들어 먹고 양털로 게르의 바깥벽을 덮는 펠트와 겨울옷을 만든다. 염소털로 캐시미어를 생산하는데 외국에 수출하여 외화를 획득하는 중요한 역할을 하고 있다.

유목민의 상징 말

'말 위에서 태어나 말 위에서 자라고 말 위에서 죽는다'는 몽골의 속담이 말해주듯이 몽골 유목민은 말을 떠나서 살 수 없다. 말은 초원에서 중요한 이동수단이며 방목할 때 빨리 움직이는 양떼를 관리하는 데 없어서는 안 된다. 칭기스칸 시대에는 말이 군사적으로 중요한 역할을 했다. 말젖은 발효시켜 여름 주식인 마유주를 만든다. 말의 털이나 가죽은 끈이나 악기의 현을 만드는 데 쓰인다.

  몽골 말은 어깨 높이가 110~130㎝에 몸무게가 300㎏ 정도로 서양 말에 비해 다리가 짧고 몸집이 작으나 인내심과 지구력이 강하며 하루 종일 달려도 지치지 않는다. 또한 몽골 말은 걸음걸이가 특수하여 오른쪽 앞다리와 뒷다리가 동시에 올라가고 왼쪽 앞다리와 뒷다리가 동시에 내려가는 걸음걸이를 하기 때문에 달려도 진동이 적어 아이들도 쉽게 탈 수 있다. 이러한 걸음걸이를 측대보側對步라고 한다. 몽골의 말은 종마種馬 이즈락를 중심으로 20~30마리가 무리를 지어 생활한다. 교미 시기가 되면 종마는 하루 5~7회 짝짓기를 한다. 몽골의 말은 매우 영리하여 자기가 태어난 곳을 잊어버리지 않는다. 월남전에 참전했던 말이 5년 만에 고향으로 돌아온 적도 있다고 한다.

　몽골인은 말을 신분의 상징으로 매우 중요하게 여긴다. 그러기 때문에 말에게 욕하거나 때리거나 하면 안 된다. 옛날에는 주인이 죽으면 말도 함께 순장했다고 한다.

초원에서 한나절을 보내고 있는 말

쓸모가 많은 소

소는 젖을 가장 많이 생산하기 때문에 여름에는 소젖으로 각종 유제품을 만들어 먹는다. 겨울에는 소고기를 길게 잘라 말린 후 가루를 내어 끓는 물에 넣어 먹는다. 말린 소고기를 갈아 만든 가루보르츠는 훌륭한 휴대식량으로 칭기스칸 시대에 전사들의 식량으로 사용됐다. 또한 소는 이동할 때 짐을 날라 준다.

오축 중에서 가장 유용한 소들

고비의 쌍봉낙타

몽골의 낙타는 등에 혹이 두 개가 있는 쌍봉낙타^{bacterian camel}다. 혹이 하나인 단봉낙타보다 약간 작지만, 발바닥의 면적이 넓어 사막을 다니기에 알맞고 건조한 기후에 강한 특징이 있다.

고비 지역의 유목민은 타고 다니거나 짐을 운반하는 데 낙타를 이용한다. 고비의 유목민은 낙타젖으로 유제품과 낙유주^{酪乳酒}를 만들며 낙타 고기도 먹는다.

물을 마시고 있는 고비사막의 명물
붉은 털 쌍봉 낙타

새끼를 볼모로 한 젖짜기

오축의 젖은 고기와 함께 몽골 유목민의 귀중한 식량이다. 양·염소·말·낙타는 여름에서 가을까지만, 소는 일 년 내내 젖을 짤 수 있다.

말은 젖이 금방 고여 저절로 흘러내리므로 2시간마다 하루 7번 정도 짜고 낙타는 4번, 소는 2번 짠다. 양과 염소의 젖을 짤 때는 머리를 엇갈리게 하여 줄로 묶고 뒤에서 젖꼭지를 쥐고 짠다. 머리들을 한 방향으로 묶으면 달아나기 쉽기 때문일 것이다. 젖을 짤 때는 미리 새끼에게 젖을 약간 먹인 다음에 젖이 나오기 시작하면 새끼를 떼어서 어미 곁에 세워두고 젖을 짠다.

양과 염소는 어미를 묶지만 말이나 소나 낙타처럼 큰 가축은 새끼를 붙들어 땅바닥에 박아 놓은 젤이라는 줄에 묶는다. 새끼를 묶어 놓으면 어미는 자기 새끼 곁을 떠나지 않는다. 새끼를 볼모로 하여 젖을 짜는 셈이다. 짜고 남은 젖을 새끼에게 먹인다. 젖을 짤 때 첫 젖은 주걱에 담아서 동쪽 하늘에 뿌리며 젖이 많이 나오도록 해달라고 기원한다. 몽골의 오축뿐만 아니라 포유동물은 자기 새끼 외에는 젖을 주지 않는다.

오축 중 젖을 가장 많이 생산하는 가축은 소로서 그 양이 하루에 480리터나 된다. 낙타는 300리터, 말은 120리터, 양은 15리터를 생산한다.

예술에 가까운 가축 잡기와 불까기

몽골에서 양이나 염소를 잡을 때는, 반드시 귀에 대고 생명을 빼앗는 데 대한 사과의 말을 한 다음에 죽인다. 우선 왼손으로 양이나 염소의 두 앞다리를 잡고 넘어뜨려 배가 위를 향하게 하고 오른발로 배를 눌러 움직이지 못하게 한다. 다음에 10㎝가량 되는 작은 칼로 양의 가슴 근처를 가르고 오른손을 횡격막을 뚫고 심장까지 넣어 손가락으로 대동맥을 눌러 피가 통하지 않게 하여 죽인다. 너무나 빠른 솜씨로 해치우기 때문에 양이나 염소는 자신에게 무슨 일이 일어났는지조차 모르는 상태에서 신음소리 한번 내지 못하고 숨을 거둔다. 피는 모두 뱃속에 담긴 채 한 방울도 흘러나오지 않는다. 숨이 넘어가면 두 다리부터 시작하여 머리끝까지 가죽을 벗긴 다음에 내장을 꺼내고 살을 도려낸다. 소는 다리를 묶어 땅바닥에 쓰러뜨린 다음에 칼로 숨골을 끊는다.

몽골에서는 종자가 될 수컷을 제외하고는 모든 오축을 불까기 하는 전통이 있다. 말은 3년, 소는 2년, 낙타는 4년, 염소나 양은 출생하고 2개월에 불까기를 한다. 춥거나 더울 때는 불까기를 피한다. 양·염소·소·말은 5월 중 따뜻한 날에, 낙타는 10월 초 맑고 따뜻한 날에 불까기를 한다.

오축의 불알 뿌리를 끈으로 묶거나 2개의 막대기로 불알의 밑뿌리를 잡고 절개하여 불알을 떼어 낸다. 불까기를 한 불알은 삶아서 어린 아이들에게 먹인다. 말의 불알만은 불에 구워 먹는다. 불깐 가축은 온순하고 인내심이 강해진다. 불깐 말은 인내심이 강하기 때문에 승마용으로 쓰고 불깐 낙타나 소는 운송용으로 이용한다.

낙타 불까기(풍속화)

NOMADIC CULTURE
유목문화

짓고 헐고 옮기는데 편리한 유목민의 천막집 게르

전통 주거와 의상

10

유목생활에 알맞은 천막집과 편리한 의상

몇 천 년 전부터 대자연 속에서 가축을 기르며 살아온 몽골 유목민은 의식주를 가축에 의존해 왔다. 그들은 가축의 가죽과 털로 옷과 집을 만들고 젖과 고기로 끼니를 해결했다.

유목민은 초원에 천막집 게르 Ger를 짓고 산다. 게르는 몽골어로 '집'이라는 뜻이다. 게르는 계절 따라 옮겨 다니는 유목생활에 알맞게 짓고 헐고 옮기기 쉬운 구조를 이룬다. 칭기스칸 시대에는 전쟁 중에 이동하기 쉽도록 마차 위에 게르를 지어 활용했는데, 22마리의 황소가 끄는 수레에 얹힌 거대한 궁전 게르도 있었다고 한다. 게르는 단순하지만, 겨울엔 따뜻하고 여름엔 서늘하다. 여름에는 게르의 흰색이 강렬한 햇빛을 막아주고 천막 밑자락을 올리면 바람이 통하여 실내 온도가 조절된다. 겨울에는 게르의 둥근 구조가 찬바람을 비켜가도록 한다. 그래서 게르는 역사가 2천 년이 훨씬 넘지만, 구조가 바뀌지 않고 원래 모습 그대로 지금까지 유지되고 있다.

나무 벽에 양털 옷

게르는 가는 나뭇가지를 엮어 만든 격자무늬의 벽 하나 Khana 위에 막대기 오니 Uni로 연결하여 나무우산을 펼친 모양을 한 지붕을 만들고 그 지붕을 기둥 바가나 Bagana가 떠받혀주고 있다. 그 겉을 양털을 눌러 만든 두꺼운 천으로 덮고 야크나 말털로 만든 밧줄로 얽어 맨다. 게르의 일반적 크기는 직경이 4m로 18~20평 정도다. 출입문 하알가는 남쪽을 향하고 있어 겨울에 따뜻한 햇살이 비쳐 추운 바람을 막아 준다.

부엌 도구 위에 사냥총이 걸려 있는
게르 내부

칸막이가 없는 내부

게르 안은 칸막이가 없다. 가족 모두의 공유공간이다. 중앙에 '아버지의 불'이라고 불리는 가문의 유일한 상속물인 화덕 조오흐가 있다. 게르는 모두 남향으로 짓는다. 남쪽에만 문이 있다. 게르의 출입문을 들어서면 정면의 북쪽 벽이 신성한 장소 호이모르 Khoimor 로 불단이나 부처 그림, 가족사진, 주인의 개인무기, 말 안장, 마두금 등을 두고 그 아래 주인의 침대가 놓여 있다. 그 오른쪽에 주부의 침대, 살림살이, 부엌세간, 왼쪽에 아이들의 침대가 있다.

게르 안의 유목민 소년들

게르 천장의 중앙에 뚫려 있는 구멍이 하늘 창 토오노^{Toono}로 게르 내의 환기와 온도를 조절한다. 하늘 창을 통해 들어오는 햇빛의 방향을 보고 시간을 안다.

화덕의 연료는 마른 소똥 아르갈^{Argali}이나 마른 말똥 허머얼을 사용한다. 장작보다 더 오래 탄다. 몽골 유목민은 불을 신성하게 여기기 때문에 불을 발로 밟아서 끄거나 난롯불을 향해 발을 뻗거나 침을 뱉거나 쓰레기를 버려도 안 된다.

물통을 거꾸로 매달아 만든 세면장

게르 밖 자연화장실

화장실은 따로 만들지 않는다. 게르 주변의 초원이 온통 자연화장실이기 때문이다. 게르 앞에 작은 나무 기둥을 세우고 물통을 거꾸로 매달아 놓은 세면장이 있다. 세면장에서 조금 떨어진 곳에 말을 매어 두는 기둥 오야가 있다. 게르의 주변에는 언제나 독특한 냄새가 감돈다. 가축 젖이 발효된 냄새로 몽골 특유의 생활 냄새다.

게르 근처에 있는 자연화장실

편리한 전통 의상 델

몽골 유목민이 즐겨 입는 전통 의상이 델^{Deel}이다. 델은 초원에서 유목생활을 하는 데 편리하며 멋도 있다. 델은 한 장으로 된 길고 헐렁한 가운모양의 옷으로 두루마기처럼 무릎 아래까지 길게 늘어지며 비단 띠로 허리를 묶는다.

도시인들은 결혼식이나 명절 때만 델을 입지만, 유목민은 서구식 의상보다 델을 더 많이 입는다. 델은 초원에서 일할 때나 말 탈 때 몸을 보호해 주며 잠잘 때는 담요로도 쓰고 초원에서 여성들이

전통 옷 델을 입고 수흐바타르 광장에 나들이 나온 몽골 여인들

소변을 볼 때 몸 가리개로도 사용한다.

 델을 만들 때 주로 양털로 만든 펠트와 가축의 가죽을 사용하는데, 무명이나 비단도 사용되곤 한다. 계절에 맞추어 여름에는 단델이라고 불리는 안감을 넣지 않는 델을, 봄과 가을에는 테를렉이라고 불리는 얇은 안감을 넣은 델을, 그리고 겨울에는 산양 가죽으로 만든 안감을 넣은 델을 입는다. 물이 귀한 지역이다 보니 몽골인은 해어져 버릴 때까지 델을 빨지 않는다.

 몽골인이 좋아하는 의상 색깔은 태양을 상징하는 빨강, 하늘을 상징하는 파랑, 땅을 상징하는 노랑, 초원을 상징하는 초록, 우유

전통 모자 말가이
-뾰족한 꼭대기는 몽골의 성산,
빨강 리본은 태양빛을 상징

를 상징하는 하양이다. 죽음을 상징하는 검정은 싫어한다. 델을 입으면 그 위에 부스라고 불리는 넓은 허리띠를 맨다. 말을 탈 때 내장을 보호해 준다. 델에는 주머니가 없으므로 허리띠에 칼, 담배 주머니, 부싯돌을 넣는다.

전통 모자 말가이

몽골인은 여우 가죽과 비단으로 만든 전통 모자 말가이 malgai를 쓰는데, 그 모양이 매우 특이하다. 모자의 뾰족한 꼭대기는 몽골 유목민족의 시조가 탄생했다는 전설이 전해오는 숨베르 산[1]을, 두 개의 빨강 리본은 태양빛을 상징한다.

---

1) 울란바타르에서 동남으로 250km, 고비슘베르 아이막에 있는 산, 몽골의 시조가 탄생했다는 전설이 전해오는 산.

몽골 유목민은 모자를 매우 중요하게 여긴다. 그래서인지 모자를 집안에서 제일 높은 곳에 두며 모자를 뒤집어 놓지 않는다. 왜냐하면 죽은 사람의 모자만 뒤집어 놓기 때문이다. 또 남의 모자 위에 자기 모자를 얹으면 큰 실례가 된다.

전통 신발 고탈

몽골의 전통 신발 고탈 gutal은 뒷굽이 없는 대신에 앞코가 우리나라 여자 고무신의 코처럼 위로 올라가 멋스럽다. 몽골군이 전투 때 신었던 군화에서 유래됐다고 한다. 고탈은 가죽으로 만들며 목이 길다. 고탈을 신을 때 양말을 신지 않고 긴 천으로 발을 둘둘 말아 싼 다음에 신는다. 지금은 러시아의 영향을 받아 가죽부츠가 유행하고 고탈은 점차 자취를 감추고 있다.

버선모양으로 끝이 뾰족한
전통 신발 고탈

유제품을 만들고 있는 유목민 주부

몽골의 전통 음식

하얀 음식과 빨간 음식의 조화

11

유목민의 식생활은 가축의 젖을 가공하여 만든 유제품과 가축을 도살하여 얻는 고기가 기본이다. 봄부터 늦은 가을까지 가축의 젖이 풍부한 계절에는 유제품을 먹고 젖이 없는 계절에는 고기를 먹는다. 이것은 유목민의 유일한 재산인 가축이 줄지 않도록 하기 위한 유목민의 생활지혜에서 비롯된 것이다.

몽골어로 유제품은 차강 이데 Tsagaan Idee(하얀 음식), 고기는 올랑 이데 Ulaan Idee(빨간 음식)라고 한다. 차강 이데는 '하늘이 준 신성한 하얀 음식'이라는 뜻이며 올랑 이데는 '하늘이 준 풍성한 빨간 음식'이라는 뜻이다. 그 밖에 보조식품으로 곡물을 먹는다. 몽골 유목민은 야채나 과일 같은 푸른 음식을 먹지 않는다. 가축의 먹이라고 생각하기 때문이다.

유제품은 가축의 젖을 가열하거나 거품을 내거나 식히거나 증류하거나 발효시켜 만든다. 유제품의 종류만 20가지가 넘는다. 대표적

양을 통채로 삶아서 내놓는
설 명절 음식 오츠

인 것으로 우름 Urum(버터), 뱌슬락 Byaslag(무른 치즈), 아롤 Aruul(말린 요구르트), 타락 tarag(진 요구르트), 아이락 Airag(발효주), 시민 아르히 Shimiyn Arkhi(증류주), 수테차 Suutei Tsai(젖차) 따위가 있다.

유제품은 어느 가축의 젖으로 만드느냐에 따라 그 맛이 다르며, 외국인은 냄새가 강하여 먹기가 쉽지 않다. 몽골인이 즐기는 육류는 양고기와 소고기다. 고비지역에서는 낙타고기도 먹는다. 고기는 불에 굽지 않고 삶아서 먹으며 조미료로는 소금만 쓴다.

대표적인 빨강음식으로는 보츠 Buuz(고기만두), 호쇼르 Khuushuur(튀긴 만두), 반시 Bansi(물만두), 보독 Boodog(염소고기 찜), 허르헉 Horhug(양고기 찜), 보르츠 Borch(말린 고기) 등이 있다.

최근 몽골인의 식생활도 크게 바뀌고 있다. 도시에서는 고기와 우유를 계절 따라 먹는 습성이 점차 없어지고 있다. 곡식의 국내자급이 가능해지면서 러시아풍의 빵을 주식으로 많이 먹으며, 고기에 곁들여 야채도 먹는다.

벽돌모양의 전차

가축 젖으로 만든 전통 차

몽골 유목민은 기름기 많은 유제품이나 고기를 먹기 때문에 배탈이 나지 않도록 뜨거운 차를 많이 마신다. 수테차 Suutei Tsai 라고 불리는 젖차 milk tea 인데, 몽골 유목민은 이 차를 하루에 20잔 넘게 마신다.

  수테차는 보이차의 일종인 전차 磚茶[2]를 조금 떼어내어 끓인 다음에 소금과 우유를 넣어서 만든다. 전차는 벽돌차라고도 하는데, 찻잎을 찌거나 발효시킨 다음에 운송이나 보관하는 데 편리하도록 다져서 벽돌처럼 만들어 햇볕에 말린 차다. 야채를 먹지 않는 몽골 유목민에게 비타민을 공급해준다.

---

2) 찻잎을 찌거나 발효시켜 절구에 넣고 찧은 다음 벽돌처럼 만들어 햇볕에 말린 차. 나이차(nai cha)라고도 함.

가축 젖으로 만든 전통 술

몽골의 대표적인 전통 술은 말젖을 발효시켜 만든 마유주馬乳酒다. 몽골어로 아이락Airag이라고 불리는 이 젖술은 우리나라의 막걸리와 비슷하다. 술이라기보다는 몽골 유목민의 여름 주식이다. 마유주는 알코올 함유량이 2도밖에 안 된다.

젖술은 마유주 외에 소젖, 양젖, 산양젖, 낙타젖으로 만든 우유주牛乳酒, 양유주羊乳酒, 산양유주山羊乳酒, 낙유주駱乳酒도 있다. 중세에 몽골을 방문한 마르코 폴로(Marco Polo : 1254~1324)는 여행기『동방견문록』을 통해 마유주를 '초원의 와인'이라고 유럽에 소개했다.

말젖을 양가죽으로 만든 부대 허후루에 넣고 나무막대기 불우루로 하루에 4~5천 번 이상 저어 발효가 되면 마신다. 많이 저을수록 마유주의 맛이 좋다. 마유주는 색이 뽀얗고 맛이 시다. 어른들은 여름에 다른 음식은 먹지 않고 하루에 10~15리터 정도 마유주만 마신다. 마유주는 단백질, 탄수화물, 비타민을 공급해준다.

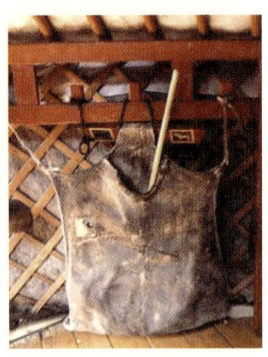

말 젖을 발효시켜 마유주를 만드는 양가죽 부대

마유주 외에 40도 가까이 되는 독한 증류주 아르히가 있다. 아르히는 '술'이라는 뜻이다. 아르히는 말젖으로 만든 전통적인 증류주 차강 아르히Tsagaan Arkhi와 사회주의시대에 러시아의 영향을 받아 보리를 원료로 만든 시민 아르히Shimiin Arkhi가 있다. 칭기스칸 차강 아르히가 유명하다.

몽골 유목민은 마유주를 정령에게 올리는 신성한 '신의 술'로 여기기 때문에, 마시기 전에 약손가락 끝에 술을 조금 묻혀서 세 번 뿌린다. 하늘과 땅과 사람에게 인사하는 것이다. 우리나라에서 산에서 음식을 먹을 때 음식을 던지는 고수레와 같다.

햇볕에 말리고 있는 하얀 음식 차강 이데

나담축제의 축하 퍼레이드

명절과 관혼상제

차강 사르·나담·풍장·약탈혼

12

몽골의 최고명절은 설인 차강 사르 Tsagaan Sar다. 차강 사르는 우리나라의 음력설과 같은 1월 1일로 3일 동안 공휴일이다. 몽골어로 차강은 '흰색', 사르는 '달', 차강 사르는 '성스러운 하얀 달'을 뜻한다.

우리의 설 명절처럼 몽골인도 이날 친인척이 모여 새해를 맞이하고 전통음식을 만들어 먹고 색동옷을 입는다. 설 명절의 대표적 음식은 양을 잡아 통째로 삶아서 내놓는 오츠 Ots와 쌀에 가축의 젖과 아르츠와 버터 등을 넣고 끓인 다음에 설탕을 넣어서 만든 쌀밥 차가알룩이다. 우리나라의 타락죽과 비슷하다.

남자들은 근처에 있는 가장 높은 오보에 올라가 향을 피우고 하닥을 걸어 놓고 그 주위를 세 바퀴 돌면서 새해의 유목의 풍요로움과 집안의 안녕을 기원한다. 여자들은 주걱으로 우유를 떠서 동쪽을 향해 세 번 뿌려 액막이를 한다. 오후에는 집안 어른, 친척, 스승을 찾아가 세배를 한다. 몽골에서는 아랫사람이 웃어른에게 세뱃돈을 드린다.

차강 사르 전야인 섣달그믐을 비툰^{Bituun}이라고 하는데 빛이 없어 '깜깜'하다는 뜻이다. 이날 몽골인들은 전통요리를 먹고 수테차를 마시며 놀이를 한다. 잠을 자면 염라대왕의 사신이 그 영혼을 데리고 간다고 해서 자지 않는다.

나담축제에서의 축하공연

몽골의 최대 축제 나담

여름 막바지인 7월이 되면 몽골에서는 나담축제 Naadam Festival 가 열린다. 축제가 끝나면 가을이 시작된다. 칭기스칸 시대부터 전해 내려오는 나담축제는 오보축제가 끝난 뒤에 열리는 뒷전풀이 축제다.

사회주의시대, 종교적 색채가 강하다는 이유로 오보제를 금지시키고 종교색채가 전혀 없는 이 축제만을 1921년 7월 11일의 몽골독립기념 행사로 바꾸어 남겨둔 것이 지금의 나담축제다. 국가나담, 아이막나담, 솜나담이 매년 7월 11일부터 13일까지 전국에서 동시

나담축제에서의 몽골 씨름 선수들

나담축제의 몽골여인들의 패션 쇼

에 열린다. 그 중 가장 큰 축제가 울란바타르에서 열리는 국가나담으로 축제 때 남성 3종경기인 씨름, 말달리기, 활쏘기 전국대회가 열린다.

나담은 몽골어 에른 고른 나담 Eriyn Gurvan Naadam(남성 3종경기) 의 준말로 '남성축제'를 뜻하며 '즐겁게 논다'는 뜻의 나다흐에서 유래됐다고 한다.

나담의 계절이 되면 울란바타르의 남쪽 복드 산기슭에 자리한 야르막 Yarmag 의 넓은 초원에 수천 개의 게르가 들어선다. 지방에서 올라온 사람들은 이곳에 머물면서 나담축제를 즐긴다. 야르막은 나담의 하이라이트인 말달리기 대회가 열리는 곳이기도 하다.

몽골어로 부흐 Bukh 라고 불리는 몽골의 씨름은 한국식 샅바 씨름과는 다르다. 서로 머리를 맞대고 벌이는 씨름꾼들의 모습이 마치 서서 싸우는 두 마리의 독수리 같다. 몽골의 씨름은 체급이 따로 없다. 경기는 토너먼트 방식으로 진행되며 경기 시간에 제한이

없다. 매년 512명의 선수가 참가하는데 경기는 동시에 다발적으로 진행된다.

　몽골 씨름에서는 땅에 손을 짚는 것만으로 안 되고 팔꿈치, 어깨 등 상체의 어느 부분이 땅에 닿아야 승패가 결정된다. 씨름을 할 때 몽골 특유의 씨름 복장을 한다. 찬란한 무늬와 색상을 자랑하는 가죽장화 고탈를 신고, 멋진 무늬가 있는 반바지 쇼닥shuudag를 입는다. 한국 씨름의 샅바와 같이 상대방이 잡을 수 있도록 두꺼운 헝겊이나 가죽으로 만든 조끼 조독zodog를 입는다. 이긴 선수는 후견인으로부터 모자를 받아쓰고 독수리가 날갯짓을 하는 듯한 춤을 추며 승리의 포즈를 취한다. 씨름 경기 최종 우승자에게는 칭호를 주는데 10번 이상 우승자에게는 아우락그 거인라는 칭호를 부여한다.

　머르 오랄다흐 Mori uraldahf 라고 불리는 몽골의 경마는 말의 나이에 따라 달리는 거리가 다르다. 1,500마리나 되는 말들이 참가한다.

나담축제에서의 말달리기 시합

우승한 말에게는 툼니 에흐 만 마리 말 중 으뜸라는 칭호가 주어진다.

소르 하르와 Sur kharwaa라고 불리는 몽골의 활쏘기는 남자는 활 길이의 45배 거리인 약 75m, 여자는 60m 떨어져 있는 표적을 맞히는 경기다. 8세 이상의 남녀는 누구나 참가할 수 있다. 우승한 선수에게 명궁수 칭호 메르겐 Mergen이 주어진다.

몽골의 경마에서 5위 안에 든 말과 기수가 '아이락의 다섯 마리'라고 불리는 칭호를 받기 위해 경기장에 입장한다. 그리고 '쪼후'라는 찬사의 시가 낭송되고, 승리의 술 마유주를 말의 머리와 허리에 뿌리고 기수는 축배를 든다. 아이락의 다섯 마리 행사와 씨름대회의 결승전을 끝으로 나담축제는 막을 내린다.

몽골의 혼인과 출산

원래 몽골에서는 양 집안 사이의 합의결혼이 많았지만, 최근에는 연애결혼이 늘어나고 있다. 유목민은 방목 중에 초원에서 데이트

를 한다. 옛날 몽골에는 약탈혼이 있었다. 신랑이 아내가 될 신부를 직접 빼앗아 오는 결혼제도다. 약탈혼의 대표적 사례가 칭기스칸의 아버지 이에스게이다. 그는 칭기스칸의 생모 호에룬을 다른 남자로부터 약탈하여 아내로 삼았다. 오늘날 몽골인들은 결혼궁전이라는 공공건물에서 공무원의 주례로 결혼식을 올린다. 몽골에서의 결혼은 혼인식만으로 끝나지 않고 첫 아이를 출산해야 비로소 완결된다.

　한때 몽골에는 라마승의 초야권 관습이 있었다. 신부가 신혼 전에 신랑이 아닌 라마승과 먼저 동침해야 한다는 관습이다. 신부의 순결을 라마승이 먼저 갖는 것이다. 마르코 폴로는 『동방견문록』에 몽골의 총각은 처녀를 아내로 맞이하는 법이 없다고 기록했다.

　몽골의 여인은 아이를 낳을 때 남편의 게르에서 낳는다. 남편이 아닌 다른 사람의 게르에서 낳으면 그 집 아이가 되어버린다. 특이하게도 몽골 여인들은 앉아서 출산한다. 태어난 아이를 포대기에 싸서 사과 상자 모양의 요람에 넣고, 아기가 움직이지 않게 미라처럼 6개월 정도 꽁꽁 묶어서 기른다. 이것은 몽골인만의 육아법으로 요람에서 손발의 자유를 없게 하여 아이를 키우면 허리가 단정하고 튼튼해질 뿐만 아니라 다리가 곧게 자란다고 한다.

몽골의 장례풍습

원래 몽골의 장례는 풍장風葬이나 조장鳥葬이었으나 사회주의시대에 금지되어 지금은 토장土葬이나 화장火葬이 일반적이다.

풍장은 몽골어로 일 타비흐라고 하는데 '밖에 내 놓는다'는 뜻이다. 풍장은 종교학에서 자연장법에 속하는 장례풍습이다.

14대 달라이 라마의 일생을 그린 미국영화 마틴 스콜세지 감독의 「쿤둔Kundun」(1997년)에 유해를 뒷산으로 가져가 토막 내어 독수리의 밥이 되게 하는 티베트의 천장天葬 장면이 나온다. 이 천장이 라마교와 함께 16세기에 티베트에서 몽골로 들어와 풍장으로 성행했다. 일부 지방에서는 최근까지 풍장을 하고 있다고 한다.

풍장은 사람이 죽으면 살아 있을 때처럼 흰 천으로 싸서 활과 칼과 함께 말에 싣고 동트기 전에 초원으로 나가 정처 없이 다니면서 유해를 땅에 떨어지게 하여 들개나 새들이 먹게 하는 풍습이다. 1950년대까지 울란바타르에서는 간단사원의 서쪽에 있는 작은 언덕의 남쪽 기슭이 유해를 버리는 곳이었다. 조장은 유해의 처리를 새에게 맡기는 장례풍습으로 산에 유해를 방치해 두어 독수리나 까마귀들이 먹게 한다.

울란바타르 교외에 있는 공동묘지

　지금은 토장이 일반적인 장례방법이다. 울란바타르에서 테렐지 방향으로 차로 30분쯤 가면 공동묘지가 있다. 이곳은 원래 토장을 하는 카자흐인들의 묘지였으나 지금은 몽골인도 함께 이용한다. 자연석에 이름을 새긴 온갖 모양의 비석이 넓은 평지에 서 있다. 우리나라의 공동묘지에서처럼 꽃이나 나무를 심지 않는다. 몽골에서는 사람이 죽으면 유해에서 영혼은 떠나가고 악령만 남아 있기 때문에, 매장하고 나서부터 부모의 경우 3년 동안, 형제의 경우 1년 동안, 자식의 경우 반 년 동안 무덤 가까이 가지 않는다. 사람이 죽으면 영혼은 하늘로 돌아가게 하고 유해에 붙어 있는 악령은 떨쳐버려야 하기 때문이다.

성산 복드 산을 배경으로 서 있는 겨울궁전

ULAANBAATAR

초원도시 울란바타르

몽골 독립의 영웅 수흐바타르 동상(수흐바타르 광장)

붉은 영웅
울란바타르

초원의 종교도시에서 근대도시로 발전

13

몽골여행의 첫 방문지는 수도 울란바타르 Ulaanbaatar다. 인천 국제공항을 떠난 대한항공 몽골항공과 공동운항의 몽골 직행 여객기는 황해를 건너 베이징 북쪽 상공을 지나 3시간 반 비행 끝에 중국과 몽골 사이에 길게 놓인 광대한 고비사막을 횡단한다. 그러면 바로 몽골의 현관인 울란바타르의 칭기스칸 국제공항에 도착한다.

고비사막은 봄마다 우리나라에 불어오는 황사의 발원지다. 황량한 고비에 비해 하늘에서 본 울란바타르는 초원에 둘러싸여 있어 마치 광대한 초록빛 바다에 떠 있는 아름다운 섬처럼 보인다.

공항에서 울란바타르의 도심까지 10㎞, 공항을 빠져나온 차가 동북쪽으로 톨 강을 끼고 칭기스칸 거리를 약 30분 가까이 가면 울란바타르의 중심인 수흐바타르 광장이 나온다. 오른쪽 민둥산의

황량한 고비사막

산비탈에 하얗게 새겨져 있는 몽골의 상징인 소욤보[1]와 칭기스칸의 초상화가 보인다.

몽골어로 '붉은 영웅'이라는 뜻의 울란바타르는 400년 조금 못 되는 역사를 가진 몽골의 수도로 정치, 경제, 교육, 문화의 중심지이다. 울란바타르의 면적은 1,350㎢로 서울의 2.2배이다. 그 위치가 북위 47도 55분, 동경 106도 53분에 있어 위도상으로 파리, 시애틀, 경도상으로는 호치민, 자카르타와 비슷한 위치에 있다. 울란바타르의 인구는 124만 명(2010년 기준)으로 몽골 인구의 3분의 1이 이곳에 모여 있다.

---

1) 소욤보는 몽골국가의 상징인 특별한 문양으로 몽골의 국기와 국장 그리고 공식 문서에 많이 사용되고 있음.

찔레꽃의 슬픈 이야기

여객기가 황량한 고비사막을 횡단하는 동안, 고려 말에 몽골로 잡혀간 고려 처녀들이 이 사막을 건넜던 수난의 슬픈 역사를 생각하게 된다. 전해내려 오는 숱한 이야기들 가운데 '찔레꽃'에 얽힌 이야기가 가장 슬프다. 당시 찔레도 홀어머니를 두고 다른 처녀들과 함께 몽골로 끌려갔다. 찔레는 오랜 세월이 지난 뒤 고국으로 돌아왔으나, 고향에는 그토록 그리던 어머니와 오두막은 간데 없고 잡초만 우거져 있었다. 슬픔에 몸부림치고

별처럼 슬프고 달처럼 서럽고 향기는
더욱 서럽다는 하얀 찔레꽃

울부짖으며 찔레는 산으로 들로 냇가로 어머니를 찾아 헤매었으나 끝내 찾지 못했다. 어머니에 대한 그리움을 끝내 이기지 못한 찔레는 그해 겨울 하얀 눈이 덮인 외로운 산길에서 숨을 거두고 말았다. 다음 해 늦은 봄에 그녀가 헤맸던 곳곳에 어여쁜 하얀 꽃이 피었다. 찔레꽃이다. 그녀의 슬픔이 흰 꽃잎, 그리움은 애틋한 향기, 흘렸던 눈물은 빨간 열매, 어머니를 찾아 애끓게 부르짖던 목소리는 가시가 된 것이다. '별처럼 슬프고 달처럼 서럽고 향기는 더욱 서러운 하얀 꽃'이라는 영혼도 울리는 구슬픈 노래「찔레꽃」[2]이 고비를 횡단하는 동안 내내 귓전에 울린다. 들장미라고도 불리는 찔레꽃의 꽃말이 '고독·슬픔·어머니에 대한 그리움'이라는 것을 새삼 되새기게 된다.

---

[2] 우리나라 최고의 소리꾼 장사익이 작사·작곡한 노래.

이동사원에서 종교도시로

울란바타르는 초원에서 유목민처럼 옮겨 다니는 이동사원인 게르 사원에서 시작하여 마지막에 정주하여 종교도시로 발전했다. 울란바타르의 옛 이름은 우르가 Urga였다. 몽골어로 '이동하는 천막'이라는 뜻이다. 울란바타르가 이동사원에서 시작됐음을 암시해 준다.

13세기에 몽골에 들어온 불교는 17세기에 크게 번창하여 초원의 곳곳에 이동사원 후레 Khuree가 생겼다. 후레는 '천막촌'이라는 뜻이다. 그 중 가장 큰 이동사원을 큰 천막촌이라는 뜻으로 이흐 후레 Ikh Khuree라고 불렀다. 이흐 후레는 1640년부터 오르혼, 셀렝게, 톨 강을 따라 스물여덟 번이나 옮겨다녔고 이름도 우루가-노밍 이흐 후레 Nomyn Ikh Khuree-다 후레 Da Khuree-복딘 후레 Bogdin Khuree로 바뀌었다. 이동사원의 규모가 점점 커져 이동하기가 어려워지자 1855년에 마지막으로 지금의 울란바타르 동부로 이동한 뒤, 그곳에 정착했다.

이동사원이 고정사원으로 바뀌고 불교의 중심지가 되면서 그 주변에 사람들이 모여들고 많은 고정가옥과 상점들이 생겨 점차 종교도시의 모습을 갖추어 갔다. 이때 이흐 후레의 인구가 2만 명을 조금 넘었다. 이렇게 종교도시로 시작한 우루가는 몽골의 종교, 상업, 행정의 중심도시로 성장했다.

1911년에 몽골이 청으로부터 독립하면서 우루가는 몽골의 수도가 됐고 이름도 '수도 천막촌'이라는 뜻으로 니슬렐 후레 Niislel Khuree로 바뀌었다. 이어서 1924년에 몽골인민공화국이 탄생하면서 인민혁명의 영웅 수흐바타르를 기념하여 '붉은 영웅'을 뜻하는 울란바타르로 바뀌었다. 제2차 세계대전이 끝난 뒤, 울란바타르는 근대 도시로 정비되어 지금과 같은 도시가 됐다.

울란바타르는 몽골고원 중앙의 약간 북쪽, 오르혼 강의 지류인 톨 강과 셀베 강 사이에 자리한다. 고도 1,351m의 고원도시이며 사면이 네 개의 산으로 둘러싸여 분지를 이룬다. 그 중 울란바타르의 남쪽에 위치한 '성스럽다'는 뜻의 복드산 Bogd Mt. 은 산신제 山神祭 를 올리는 몽골민족의 성산이다. 그 산자락 아래 민둥산에 하얀 돌 모자이크로 칭키스칸의 모습이 새겨져 있고 그 곁에 대통령궁 이흐 텡그리 Ikh Tengri(큰 하늘이라는 뜻)가 있다.

톨강 오른쪽 산비탈에 하얗게 새겨져 있는 칭기스칸 모자이크

공산주의 시대에 지은
소련식 서민 아파트

울란바타르의 첫 인상

울란바타르의 첫 인상은 초원도시와는 거리가 멀다. 1990년대 초만 해도 울란바타르는 차도 사람도 별로 없는 조용한 도시로서, 주변의 산들이 모두 초원으로 덮여 있는 아담한 초원도시였다. 사회주의시대에 울란바타르에서 거주하는 것이 엄격하게 제한됐기 때문이다. 민주화 이후 울란바타르에서의 거주가 자유로워지면서 인구가 급격하게 늘어났다. 지금은 주변 산 중턱까지 집들이 빼곡하게 들어서 있다. 몽골의 달동네로 전기도 상하수도 없다. 한국전쟁 직후인 1950년대 말의 서울의 주변 산을 메웠던 무허가 판잣집들을 연상하게 한다.

사회주의시대에 소련식으로 지은 직사각형의 볼품없는 오래된 건물들과 단독주택 대신 줄지어 있는 아파트 단지들이 당시 울란바타르의 특징적 모습이었다. 그러나 민주화 이후 무질서하게 세워진 새 건물들, 고층 아파트들, 그 사이사이에 자리한 게르 주택들, 신호등이 거의 없는 도로들, 간판이 난립해 있는 거리들이 도시를 메우고 있어 지금은 초원 도시의 이미지를 느낄 수 없다. 건설 붐으로 있던 것이 사라지고 우후죽순처럼 새로운 것이 생김으로 인해 스카이라인이 완전히 바뀌는 등 한해가 다르게 빠른 변화를 보이고 있다.

현재 이 도시의 심각한 문제는 대기오염이다. 거리에 차가 별로 없었던 10년 전만 해도 푸른 하늘 아래 초원으로 둘러싸인 울란바타르였다. 이러한 울란바타르를 가리켜 외국인들이 '아시아의 하얀 미인'이라고 불렀으나 지금은 '검은 미인'이 되어버렸다.

소련의 원조로 건설된 4개의 화력발전소 중 2개는 폐쇄됐는데 나머지 2개가 품어내는 매연을 비롯하여 수입 중고차의 배기가스, 시내 곳곳에 있는 게르 주택의 스토브에서 나는 연기가 공기오염의 주범이다. 더욱이 울란바타르는 분지이기 때문에 바람이 잘 통하지 않아 매연이 그대로 남아 도시를 뒤덮고 있다. 하지만 울란바타르를 조금만 벗어나면 그러한 실망은 사라지고 푸른 하늘 아래 바다 같은 푸른 초원이 멀리 지평선까지 펼쳐져 있다.

울란바타르는 1995년에 서울과 자매결연을 맺었으며 울란바타르의 중심부에 '서울의 거리'가 조성됐고 '서울정'이라는 정자도 서 있다.

자이승 언덕에서 본 울란바타르 전경

울란바타르 산책

14

개발 붐에 나날이 바뀌고 있는 몽골의 심장

역사적 유적이나 유물을 남기지 않는 것이 유목민족의 특징이다. 그래도 한때 유라시아대륙의 대부분을 지배했던 몽골민족인데, 지금 남아 있는 유적이나 유물이 너무 없다. 울란바타르도 예외는 아니다. 더욱이 울란바타르는 도심의 규모가 작아 하루면 충분히 관광할 수 있다.

울란바타르에서 볼 만한 곳으로 울란바타르의 심장 수흐바타르 광장, 자이승 언덕의 전승기념비, 몽골 불교의 총본산 간단사원, 부처 공원, 복드칸의 겨울궁전, 자연사 박물관, 역사 박물관, 자나바자르 미술관, 근교에 있는 칭기스 후레, 칭기스칸 동상공원, 불교사원 유적 만조쉬르 그리고 테렐지 등이 있다.

울란바타르에서 여행자들이 제일 먼저 찾는 곳이 수흐바타르 광장 Sukhbaatar Square 이다. 1946년에 사회주의혁명 25주년을 기념하여 만든 광장이다. 몽골혁명의 영웅이며 혁명군 최초의 장군인 담딘

울란바타르 산책 141

수흐바타르 광장에 서 있는
몽골 독립의 영웅 수흐바타르 동상

수흐바타르Damdin Sukhbaatar3)가 1921년에 청으로부터 몽골의 독립을 선언했던 역사적인 장소다. 모스크바의 붉은 광장이나 베이징의 천안문 광장을 본떠 만든 공산국가 특유의 광장으로 국가가 주관하는 집회는 모두 이곳에서 열린다. 1989년 몽골 공산정권의 몰락을 가져온 민중집회도 이 광장에서 열렸다.

---

3) 담딘 수흐바타르Damdin Sukhbaatar (1893~1923) 몽골혁명의 아버지, 인민혁명당 결성 무장독립운동 전개. 몽골 인민공화국의 국방장관 역임

광장 한복판에 14마리의 돌사자로 둘러싸인 좌대에 말을 탄 몽골혁명의 영웅 수흐바타르 동상이 우뚝 서 있다. 동상의 얼굴이 북쪽 러시아를 향해 있다. 동상의 좌대에 '우리들이 단결하여 하나의 목적을 향해 행동한다면, 이루지 못할 것이 아무것도 없고 우리가 알지 못하는 것이 없으며 불가능한 일도 없을 것이다'라는 그의 어록이 새겨져 있다. 몽골이 민주화된 지금도 사회주의 혁명의 영웅인 그의 동상이 남아 있는 것은 그가 몽골 독립의 영웅이기도 하다.

2006년, 광장 북쪽의 정부종합청사 앞에 대몽골제국 건국 800주년을 기념하여 새로 만든 몽골민족의 영웅 칭기스칸 기념관과 동상이 있다. 칭기스칸 동상의 오른쪽에 셋째 아들이며 몽골제국의 2대 칸인 어거데이칸의 동상이 있고, 왼쪽에 칭기스칸의 손자이며 5대 칸인 쿠빌라이칸의 동상이 안치되어 있다.

광장 북쪽에 정부종합청사 국회의사당이 내부에 들어 있음, 남쪽에 외무성, 동북쪽에 국립 대학교, 동쪽에 오페라극장과 언론센터 등이 있다. 동으로 조금 떨어져 있는 울란바타르 호텔 앞에는 레닌의 동상이 쓸쓸히 서 있다. 스탈린 동상은 민주화 직후 바로 철거됐으나, 레닌은 몽골의 피가 섞였다 해서 남겨두었다.

박물관과 미술관들

정부청사의 서쪽에 민족역사 박물관 Mongolian National History Museum 이 있다. 선사시대부터 현대까지의 몽골의 역사자료, 유목민의 생활상, 불교 문화재 등 1천여 점이 전시되고 있다. 전시물 중에 몽골제국의 3대 구유크칸 Guyuk Khan(1206~1248) 이 로마 교황에게 보낸 편지와 일 칸국 Il Khanate 의 황제가 프랑스의 필립 왕에게 보낸 편지도 있다.

광장의 북서쪽에 있는 국립자연사 박물관 Museum of Natural History 은 몽골의 지형, 지리, 동식물 따위의 자연과 관련된 자료를 전시하고 있으며 특히 세계 3대 공룡 박물관의 하나로 유명하다.

국립 자연사 박물관

공룡 뼈와 알 화석
(국립자연사 박물관)

　고비사막에서 발굴된 육식공룡 타르보사우루스 Tarbosaurus(놀라게 하는 도마뱀)와 머리 위에 날카로운 뼈와 뿔이 있는 초식공룡 사우롤로푸스 Saurolopus(볏이 있는 도마뱀)의 골격표본을 비롯하여 화석, 공룡 뼈, 공룡 알이 전시되고 있다.

　타르보사우루스는 아시아에서 발굴된 공룡 중에서 가장 크다. 몸의 길이가 12m에 무게가 5톤이나 되며 두 발로 걷는다. 우리나라에서 발굴된 타르보사우루스보다 먼저 서식했던 공룡이다. 사우롤로푸스는 몸의 길이가 9~13m에 무게가 4~6톤이나 된다.

　몽골은 북미, 중국과 함께 세계 3대 공룡화석의 발굴지로 유명하다. 몽골에서 발굴되는 공룡화석은 공룡이 전멸하기 직전의 중생대 中生代 백아기 白亞紀 말인 7천만 년 전의 공룡의 화석들이다. 몽골에서 발굴된 공룡화석은 모두 48종류나 된다. 그 밖에 이 박물관에는 전국적으로 수집된 우주석 등 희귀 자료 3만여 점이 전시되고 있다.

　민족역사 박물관의 서쪽 곁에 있는 파인 아트 박물관이라고도 불리는 자나바자르 미술관 Zanabazar Museum of Fine arts에는 보존 상태가 매우 좋은 불교회화, 조각, 판화, 불상, 탱화 등 소장품이 1만 2천 점이 넘는다. 이 미술관은 몽골 중요문화재^(국보) 139점 중 42점을 소장하고 있다. 주목할 만한 전시물로 라마교의 오묘한 우주의 이치를 그린 만다라^{曼多羅4)}, 환희불^{歡喜佛}의 불화 탕카^{than ka(탱화)5)}, 17세기의 몽골의 최고 조각가 자나바자르^(Zanabazar: 1635~1723)6)의 불

**샤라브의 풍속화
'몽골의 하루'**
(자나바자르 미술관)

---

4) 만다라(mandala)는 산스크리트어로서 '완전한 세계를 상징하는 원(圓)'이라는 뜻이다. 이것은 불법을 한 장의 그림으로 도상화시킨 것으로 부처님의 설법 그대로를 담고 있는 불교의 대표적 상징이다.
5) 라마교 사원의 벽과 본당 정면에 게양해서 승려나 신도의 일상 예배에 사용한 화포(畫布). 우리나라 절의 대웅전에 있는 탱화에 해당함.
6) 초대 활불(活佛)이며 화가이자 학자로서 조각, 회화, 시, 티베트불교 등 여러 면에 많은 업적을 남겼음. 소욤보 문자(몽골국기 문장) 창안.

후의 명작인 금동제 오선정불 金銅製五禪定佛, 백다라보살 白多羅菩薩, 타라 여신상, 그리고 샤라브의 풍속화 「몽골의 하루 One Day in Mongolia」와 「마유주 축제」가 유명하다.

광장의 동쪽에는 국립 오페라극장과 과학문화센터가 있고, 그 뒤로 울란바타르 호텔이 있다. 오페라극장은 제2차 대전이 끝난 직후 일본군 포로들을 동원해 건립한 것이다. 광장의 남쪽에 외무성 뒤에 초이진 라마 박물관 Choiijin Lama Museum이 있다. 탱화, 목제 및 청동 불상, 그리고 몽골 최고의 조각가인 자나바자르의 불상이 전시되고 있다.

자이승 언덕의 승전탑

수흐바타르 광장에서 남으로 3km, 톨 강 건너에 자리한 자이승 언덕 Zaisan Hill은 울란바타르 시내와 주변의 광활한 초원지대를 한눈에 볼 수 있는 언덕으로 정상까지 108단의 계단이 놓여 있다.

이 언덕에 1945년에 건립한 전승기념탑이 서 있다. 1921년 몽골 독립을 위해, 1939년 일본침략에 대항하여 싸운, 그리고 1945년 만주지역에서 일본군에 승리한 러시아군을 위해 세운 것이다. 러시아군의 거대한 석상이 있고 원통으로 된 조형물 안쪽에 몽골의 역사를 담은 벽화가 있다. 몽골의 독립을 상징하는 세 기둥이 떠받치고 있는 기념비의 중앙에 있는 화강암 상자 안에 전쟁터에서 가져온 흙을 담아 놓았다.

자이승 언덕의 전승기념비

자이승 언덕 아래 부처공원 안에 우뚝 서 있는 부처

　자이승 언덕 아래 대암大岩 이태준 열사[7] 기념공원이 자리한다. 그는 세브란스 의과대학 출신의 한국인 의사로 몽골에 동의의국이라는 병원을 개업하여 의료 활동을 하며 성병퇴치에 크게 기여했고, 우리 독립군을 돕다가 38세에 러시아군에 의해 피살됐다. 1919년에 몽골 정부로부터 최고 훈장을 받았다. 몽골 정부가 그를 기려 내준 땅에 이태준 열사를 배출한 연세대학교가 2001년에 기념공원을 조성했다. 그 곁에 부처공원이 있다.

---

7) 이태준 열사(1883~1921): 1883년 경남 함안 태생, 1911년 세브란스 의학교 졸업, 1914년 몽골 울란바타르로 와서 동의의국이라는 병원을 개설, 몽골인의 성병 퇴치에 기여한 공이 커서 1919년 '에르덴오치르' 최고 국가훈장을 받음.

울란바타르 산책　149

복드칸 겨울 궁전

자이승 언덕 아래 대독對獨 참전기념 탱크가 서 있는 삼거리 모퉁이에 복드칸 궁전 박물관 The Bogd Khaan Palace Museum이 다소곳이 자리하고 있다. 1903년에 완공된 이 궁전은 복드칸 정권의 마지막 황제인 제8대 활불 복드칸의 겨울 궁전이었으나 지금은 박물관으로 쓰이고 있다. 쇠못을 하나도 사용하지 않고 지었다는 2층 목조 궁전과 7개의 사원, 개선문 등이 있다. 몽골의 불교를 이해할 수 있는 곳으로 '지혜를 넓히는 사원'이라고도 불린다. 이 궁전 박물관에는 복드칸과 왕비의 초상화, 활불이 사용했던 가구, 80마리의 여우 가죽으로 만든 외투, 2만 2천 개의 진주로 장식된 전통의상 델, 수많은 동물의 박제 그리고 불교미술공예품 등 17~20세기 초에 이르는 불교와 예술 문화의 유물들이 전시되고 있다. 원元의 황실에서 애용했던 150마리의 표범 가죽으로 만든 호화로운 게르도 있다.

복드칸의 겨울궁전

라마교의 총본산 간단사

수흐바타르 광장에서 북서쪽으로 걸어서 15분 거리에 라마교^{몽골 불}교의 총본산인 간단사원 Gandan Monastery이 있다. 공식명칭은 간단텍칠렝 사원 Gandantegchinlen Monastery이다. 티베트어로 간단은 '위대하고 성스러운 곳'이라는 뜻이며 미래불인 미륵보살이 사는 수미산 정상에 있는 도솔천兜率天을 가리킨다. 이 사원은 19세기 중엽에 제5대 활불이 건립한 사원으로 현재 몽골에 있는 라마교 사원 중에서 가장 크고 오래된 사원이다. 초록색 지붕의 관음전을 중심으로 법당, 불교대학, 도서관, 숙소 등 모두 20여 동의 건물들이 있다. 공산정권시대에 모든 불교사원이 폐쇄됐으나 이 사원만은 면했다.

정문 오른쪽에 있는 큰 건물이 중앙사원으로서 잔드라이스크 다창 Janraisig Datsan이라고 불리는 관음전이다. 흰색의 외벽에 초록색 3층 지붕이 있는 전각이다. 전각 앞에 후르드 Hurd라고 불리는

라마교의 총본산 간단사원

간다사원의 관음전에 안치되어 있는
개안관음대불상

마니차[8]가 있다. 이것은 안팎으로 불경을 새겨놓은 원통으로 시계방향으로 한 번 돌리면 경전을 한 번 읽은 것과 같다.

관음전에 개안관음대불 開眼觀音大佛이 안치되어 있다. 높이 26.5m, 무게 90톤으로 중앙아시아에서 가장 큰 불상이다. 이 대불은 팔이 네 개인데 오른손에 약수 주전자, 왼손에 거울, 다른 두 손을 모아 설법인 說法印[9]을 하고 있다. 전신에 금박을 입힌 이 대불을 만드는 데 금 150kg과 많은 보석이 사용됐다. 맹인이 된 제8대 활불의 눈을 고치기 위해 만든 관음상 觀音像이 있었으나 1939년에 소련이 가져가버려 다시 만든 것이다.

20세기 초까지 울란바타르에는 약 100여 개의 라마교 사원이 있었으나 혁명 후에 모두 파괴됐다. 다만 간단사는 외국인에게 보이기 위한 전시용으로 남겨두었다.

---

8) 불교 경전을 넣거나 새겨둔 통으로 구리나 돌을 원형·6각·8각 등의 모양으로 만듦.
9) 불교에서 불상이 취하는 수인의 하나로 부처가 최초로 설법할 때의 손 모양. 양손을 가슴까지 올려 엄지와 장지 끝을 서로 맞댄 후 왼손은 손바닥을 위로 하여 편 마지막 두 손가락 끝을 오른쪽 손목에 대고, 오른손은 손바닥을 밖으로 향한 형태.

재래시장 하르 자흐

울란바타르 동쪽에 거대한 재래시장 하르 자흐가 있다. 자흐는 몽골어로 '검은 시장'이라는 뜻으로 암시장 혹은 자유시장을 가리킨다. 유럽의 벼룩시장 같은 이 시장은 그 역사가 60년이나 된다. 일용잡화에서 무기에 이르기까지 거래되고 있다. 시장에 들어가려면 입장료를 내야 한다.

    전국에서 몰려온 수많은 인파로 늘 붐벼 울란바타르에서 가장 활기가 넘치는 곳이다. 평일에는 3만여 명이 모이지만, 일요일에는 10만 명이 넘는 사람이 모여서 북적인다.

입장료를 받는 울란바타르의 재래시장 하르 자흐

AROUND
ULAANBAATAR
울란바타르 주변

칭기스후레에 서 있는 몽골의 천하대장군

울란바타르의
주변 관광지

울란바타르 근교 나들이

15

울란바타르 주변은 토브 아이막 Tuv Aimag에 속하며 그 중심도시는 울란바타르에서 43km 거리에 있는 준모드 Zuunmod다. 이 아이막은 석탄, 주석, 몰리브덴 등 지하자원이 풍부하며 자연환경이 매우 아름답다.

대표적인 관광지로 몽골 최대의 휴양지 고르히 테렐지 국립공원을 비롯하여 칭기스 후레, 자연 박물관 만조쉬르, 칭기스칸 동상 공원, 승마 트레킹 지역인 멍근모리트, 역사적으로 유명한 설화가 전해오는 궁징숨^{공주} ^{사원}, 그 뒤 산봉우리 위에 자리한 하긴 하르 호수, 호스타이 국립공원 Khustay national park 등이 있다.

울란바타르의 주변 관광지 **157**

칭기스 후레

울란바타르의 서남 20㎞에 자리한 칭기스 후레 Chinggis Khuree 는 13세기 칭기스칸시대를 재현해 놓은 칭기스칸 체험관광지다. 소나무가 우거진 산과 푸른 초원에 칭키스칸의 궁전처럼 큰 천막들과 몽골군의 군영을 복원해 놓았다. 몽골 전통 경기인 활쏘기 시설을 갖추고 있다. 또한 영화 「칭기스칸」(1998)의 촬영지로서 박물관에는 영화에 쓰였던 마차, 군복, 병기 등이 전시되고 있다. 중앙에 큰 게르 레스토랑도 있다.

만조쉬르 자연 박물관

투르크시대의 석인상
(만조쉬르 자연 박물관)

울란바타르에서 남으로 51㎞, 차로 1시간 30분 가까이 가면 몽골인이 성스러운 산으로 여기는 복드 산의 남쪽 기슭에 자그마한 사원이 있다. 1733년에 건립된 불교사원 만조쉬르 히드 Manzushir Khiid(문수보살을 모신 사원)로 지금은 자연박물관이 되어 있다. 만조쉬르는 산스크리트어로 최고의 지혜를 상징하는 문수보살을 가리키는 만주시리에서 유래됐다. 일반적으로 만조쉬르는 빨리 발음하여 만쉬르라고 부른다. 당시 20여 개의 사찰과 350명의 승려들이 있었다. 사회주의시대에 폐쇄됐다가 1990년 민주화 이후에 복구된 대법당이 있다.

사원으로 오르는 길에 4세기경에 만든 훈촐로 Khun chuluu 라고 불리는 제주도의 돌하르방과 비슷한 사람 모양의 돌조각인 석인상石人像들이 있다. 훈촐로는 '돌로 만든 사람'이라는 뜻이다.

박물관에는 각종 동물박제, 나무 조각, 벽화 등이 전시되어 있다.

지금은 자연박물관으로
문수보살을 모신 대법당

이곳에 청동으로 만든 직경 6.7m, 깊이 1.4m에 무게가 2톤이나 되는 세계에서 가장 큰 솥이 있다. 이 솥은 1천 명분의 밥이나 소 두 마리를 한꺼번에 삶을 수 있다고 한다. 그 밖에 18살 된 처녀의 경골로 만든 피리와 사람 머리뼈로 만든 잔 등이 전시되어 있다.

   사원 부근 바위에 새겨져 있는 불교 암각화는 문화적 가치가 높은 것으로 평가되고 있다. 희귀동식물이 많이 서식하고 있어 보호지역으로 지정되어 있다.

칭기스칸 동상 공원

울란바타르에서 밀레니엄 도로를 따라 동남으로 54km, 바가노르 방향으로 1시간 30분 정도 가면 톨 강 가까이에 자연 풍경이 아름다운 토브 아이막의 에르데네 솜의 전진 볼독에 거대한 칭기스칸 동상과 전망대가 서 있는 칭기스칸 동상공원 Chinggiskhaan Statue Complex이 있다. 높이 40m의 하얀 금속으로 만든 동상은 세계에서 가장 큰 기념상이다.

몽골제국 800주년을 기념하여 세운 높이 40m의 대형 동상
(칭기즈칸 동상공원)

이곳은 『몽골비사』에도 나오며 칭기스칸의 전설이 남아 있는 역사적인 장소로 칭기스칸이 17년 동안 살았던 곳이다.

칭기스칸 동상 공원에서 조금 떨어진 곳에 칭기스칸 시대의 문화와 생활양식을 보고 체험할 수 있는 13세기 몽골민속촌 13th Century National Park 이 있다. 유목촌, 문화촌, 샤먼촌으로 나뉘어 있는 이 민속촌은 13세기의 몽골을 재현해놓은 곳으로 몽골문자를 써보거나 마두금을 연주해보는 등 당시의 유목생활을 체험할 수 있다.

야생화의 천국 테렐지

16

기암과 에델바이스가 어우러진 계곡

몽골여행에서 울란바타르 다음으로 반드시 방문하는 관광명소가 고르히 테렐지 국립공원 Gorkhi Terelj National Park이다. 고르히는 몽골어로 '강'이라는 뜻이다. 울란바타르에서 북동으로 60㎞, 몽골의 3대 산맥 중 하나인 헨티산맥 기슭의 중생대[1] 화강암지대에 있는 계곡을 중심으로 형성돼 있는 몽골 최대의 휴양지다. 울란바타르에서 차로 1시간 소요된다.

국립공원을 가로질러 흐르는 테렐지 강을 건너 휴양지로 들어서면 주변의 바위, 초원, 울창한 숲, 그 사이로 흐르는 맑은 냇물, 곳곳에 자리한 흰 게르, 한가로이 풀을 뜯는 가축들에 이르기까지 몽골의 초원과는 사뭇 다르게 느껴지는 테렐지만의 독특한 풍경이 펼쳐진다. 그 속에 250여 종의 새들과 사슴, 곰 등 보호동물

---

[1] 지질시대의 한 시기, 약 2억 5천만 년 전부터 6천 5백만 년 전까지.

들이 서식하고 있다.

테렐지는 야생화 각시석남의 몽골어 이름이다. 테렐지는 꽃 이름이 지명이 될 정도로 여름이 되면 아름다운 야생화들이 흐드러지게 피어 야생화의 천국을 이룬다. 별 모양에 벨벳처럼 부드러운 흰 털로 덮여 있는 귀족적인 하얀 꽃 에델바이스를 비롯하여 보랏빛 꽃봉오리가 붓을 닮은 붓꽃, 나비가 날듯이 가녀린 꽃잎을 가진 야생 양귀비, 빨간 꽃이 올라가면서 층을 이루고 뿌리가 손바닥같이 생긴 손바닥난초, 붉은색인지 초록색인지 분간하기 어려운 핏빛 꽃 피뿌리풀, 그 밖에 이름 모를 야생화들이 초원을 아름답게 장식한다.

우리나라에서 솜다리라고 부르는 에델바이스를 몽골어로는 차강 올이라 하는데 '하얀 산'이란 뜻이다. 에델바이스는 원래 유럽의 알프스에 자라는 고산식물로 우리나라에서는 설악산이나 한라산에 가야 볼 수 있는 귀한 꽃이지만, 몽골은 고원이기 때문에 초원에 나가면 곳곳에 피어 있다. 피뿌리풀도 제주도에서만 볼 수 있는 야생화이다. 쿠빌라이칸 때 다리강가 지방의 말을 들여다가 제주도에서 길렀는 데 그 때 그 씨가 묻어온 것으로 보인다. 몽골어로 '칠십 개의 머리'라는 뜻으로 달랑 두루라고 불린다.

테렐지의 심벌 거북바위

국립공원 입구의 도로변에 텔레지의 상징인 높이 15m의 거북 모양의 바위가 있다. 그 밖에 포옹하는 연인 모양의 바위, 책을 읽는 노인 모양의 바위도 솟아 있다. 또한 프론트사우로스를 습격하는 실물 크기의 티라노사우르스 공룡 모형이 전시되어 있는 공룡공원이 있고, 초원에는 하얀 게르 촌도 있어 그곳에 머물 수도 있다.

   테렐지 못미처에 있는 승마장에서는 잘 조련된 조랑말을 빌려 승마도 할 수 있다. 초보자의 경우 처음에는 떨어질까봐 겁내지만, 곧 익숙해진다.

테렐지의 상징
높이 15m의 거북바위

유목민의 삶 체험

테렐지는 일 년 내내 관광객이 끊이지 않는 곳으로 하이킹, 암벽등반, 래프팅, 승마, 낚시를 즐기며 대자연을 만끽할 수 있는 곳이다. 이곳은 겨울에도 그렇게 춥지 않아 주변의 눈 덮인 언덕이나 설원을 산책하거나 말을 타고 트래킹 할 수 있다. 가까이에 있는 유목민의 게르를 방문하여 유목생활을 체험해 보거나 게르 캠프장에 머물면서 승마, 활쏘기, 게르 짓기를 하거나 민속공연을 관람할 수 있다. 이곳에서 뜨겁게 달군 돌을 넣고 찐 전통 양고기 요리 허르헉을 먹을 수도 있다. 뜨거운 돌을 손바닥에 올려놓고 비비면 신경통에 효과가 있다고 한다. 테렐지는 자연관광 뿐만 아니라 몽골의 전통적인 유목문화를 보거나 체험할 수 있는 곳이다.

국립고원 테렐지의 바위산들

데드 오론 사원

거북바위에서 골짜기를 따라 조금 올라가면 산 중턱에 '천상의 사원'이라고 불리는 데드 오론 Deed Oron 사원이 있다. 몽골어로 '최고의 사원'이라는 뜻이다. 108계단이 사원 앞으로 길게 늘어져 있어 마치 코끼리처럼 보인다. 사원 전각의 외부 난간에 많은 불화가 있는데 지옥을 묘사한 그림들도 보인다.

　사원 뒤편에는 1930년대에 벌어진 불교탄압 때 스님들이 학살을 피해 숨어 지냈던 바위 동굴인 '라마승 굴'이 있다. 사원 서남쪽에 있는 네모 바위에는 삼존마애불이, 동쪽 산자락의 커다란 바위에는 마애불이 새겨져 있다.

LAKE HOVSGOL

바이칼의 어머니 호수 홉스굴

푸른 진주 홉스굴

17

'어머니의 바다'라고 불리는 성스러운 호수

유네스코가 지정한 몽골의 세계유산 두 곳 중 하나가 세계 자연유산으로 유명한 옵스 노르 분지이며, 다른 하나는 세계문화유산으로 지정된 카라코름 주변에 있는 오르혼 계곡의 문화적 경관이다.

옵스 노르 분지 Uvs Nuur Basin 는 울란바타르에서 1,414km 떨어진 몽골의 서북부 끝, 몽골과 러시아의 국경에 걸쳐 있는 분지로 프로펠러기로 약 2시간 소요된다. 이곳은 초원·사막·타이가·툰드라·빙하 등 태초의 자연이 그대로 한데 모여 있는 자연유산의 보고다.

옵스 노르의 남서에 옵스 아이막의 수도 울란곰 Ulaangom(인구 2만 2천 명)이 있다. 이곳은 바위소금에 절인 소고기를 아르갈 마른 소똥 에 굽는 불고기가 유명하다.

70만 km²나 되는 넓은 분지의 중심에 몽골에서 가장 큰 호수인 옵스 소금호수가 있다. 옵스는 '쓴 물을 가졌다'는 뜻의 투르크어다.

옵스 노르 분지(세계자연유산)와 바위소금

호수의 넓이가 3,350㎢나 되는 큰 호수다. 그 주변에 원시 그대로의 스텝, 세계에서 가장 북쪽에 위치한 사막, 그리고 가장 남쪽에 위치한 툰드라가 함께 있다. 먼 옛날에는 이 일대가 바다였다고 한다. 그곳에 긴털쪽제비, 눈표범 아이벡스, 큰뿔양 등 40여 종의 희귀동물과 먹황새, 물수리, 붉은부리갈매기 등 170여 종의 조류들이 서식하고 있다. 이곳은 자므츠 다우스 Jamts Davs 라고 불리는 약 3억 년 전에 형성된 바위소금이 유명하다. 옵스 호수 이외에도 이 일대에 300개가 넘는 크고 작은 호수들이 있는데 모두가 과거 화산활동으로 생긴 호수들이다.

몽골 북서부 러시아의 국경 가까이에 테렐지, 고비와 함께 몽골 3대 관광지의 하나인 홉스굴 국립공원 The Lake Hovsgol National Park 이 있다. 홉스굴은 몽골어로 '푸른 물'이라는 뜻이다. 호수가 고도 1,645m의 고원지대의 울창한 타이가 숲에 둘러싸여 있어 '몽골의 스위스'라고 불리며 호숫물이 수정처럼 맑아 '몽골의 푸른 진주'라고도 불린다. 이 호수는 지구상에 몇 개밖에 없는 고대호 古代湖 중 하나로 원시 상태를 그대로 간직하고 있으며 그 수명이 2백만 년이 넘는다.

홉스굴은 바다만큼 넓다 해서 달라이 에치 Dalai Ej 곧 '어머니의 바다'라고 불린다. 예로부터 몽골 사람들은 홉스굴을 성스러운 호수로 섬겨 왔으며 나라에 큰일이 생기거나 전쟁에 나가기 전에 이곳에서 제를 올렸다. 홉스굴 호수 주변에 사는 차탕족은 아이가 태어나면 호수의 신성한 정기를 받기 위해 호숫물을 떠먹인다.

초원길 따라 호수까지

울란바타르에서 홉스골까지는 770㎞, 차로 가기에는 너무 멀다. 15시간이나 걸린다. 항공기를 이용하는 것이 낫다. 프로펠러기로 울란바타르에서 북서로 690㎞ 떨어진 무릉^{Murun}까지 1시간 반 걸려 가서는 다시 80㎞ 떨어진 하트갈까지 초원길을 차로 3시간을 간다. 기상으로 운항이 지연·취소되는 경우가 많다.

무릉은 몽골어로 '강'이라는 뜻이다. 몽골의 다른 지역에 비해 이 일대에 비가 많이 오고 강과 호수가 많아 비롯된 지명이다.

비행 중에 여객기 창 아래로 끝없이 펼쳐진 푸른 초원, 이따금씩 실낱같은 물줄기가 굽이굽이 흐르는 사행천, 무리지어 풀을 뜯

홉스골 국립공원 입구

는 양떼와 소떼, 띄엄띄엄 하얀 게르가 되풀이되는 몽골의 대자연을 즐길 수 있다. 무릉 비행장은 초원 활주로로 소형 프로펠러기만 뜨고 내릴 수 있는 작은 비행장이다. 무릉은 홉스굴의 관광기점이다. 홉스굴 여행에 필요한 여러 가지를 이곳에서 조달한다. 야생열매로 만든 잼이 유명하다.

무릉에서 북쪽인 홉스굴의 입구 하트갈 Khatgal까지 군용차를 개조하여 만든 합승차 '푸르공'을 타고 초원길을 달린다. 푸르공 fourgon은 '아버지의 넓은 품'이라는 뜻의 러시아어다. 우리나라의 봉고차와 비슷하다. 야생화가 지천에 피어 있는 초원과 가축 떼 그리고 하얀 게르가 지루함을 잊게 해준다. 3시간 조금 넘어서 홉스굴의 남쪽 끝에 자리한 작은 나루터 하트갈에 다다른다. 여기서 배로 30분 정도 가면 호반에 게르 캠프촌이 나타난다. 하트갈은 몽골에서 여름 기온이 낮은 곳으로 평균 기온이 10도밖에 안 된다. 8월의 울란바타르는 아직 여름인데 이곳은 벌써 가을이다.

물빛마저 신비스러운 호수

지금까지 봐온 몽골과는 전혀 다른 풍경이 홉스굴 호수를 중심으로 전개된다. 시베리아의 바이칼 호 Lake Baikal 1)를 연상케 한다. 바이칼 호보다 작지만, 훨씬 신비스럽다. 높은 산들에 둘러싸인 타이가 원시림 속에 맑은 물이 담겨 있는 홉스굴은 하트갈에서 북으로 러

---

1) 러시아 시베리아 남동쪽, 이르쿠츠크와 부랴트 자치공화국 사이에 위치한 세계에서 가장 오래되고 깊은 호수. 길이 636km, 폭 79km, 넓이 31,500㎢.

소리없이 열리는 홉스굴의 아침

시아의 국경까지 펼쳐져 있다.

　홉스굴은 남북으로 133㎞, 동서로 39㎞, 넓이가 2,760㎢로 경기도와 충청북도를 합친 넓이와 비슷하다. 몽골에서 두 번째, 세계에서 열네 번째로 큰 호수다. 호수의 깊이가 가장 깊은 곳이 262m이다. 3,000m가 넘는 높은 산들, 우거진 소나무 숲, 푸른 목초지가 호수를 둘러싸고 있다. 호숫물이 비취보다 더 푸르다. 호숫물이 얼마나 깨끗하고 맑은지 호수의 밑바닥에 깔린 돌이 훤히 보일 정도다. 호수와 주변의 침엽수가 아름답게 어우러져 있고 급경사를 이룬 바위산이 솟아 있다. 알프스를 오르는 열차만 없을 뿐 흡사 스위스의 풍광을 보는 듯하다

바이칼의 어머니 호수

96개의 크고 작은 강이 훕스굴로 흘러 들어왔다가 에끄인 강 Egiin gol 하나만이 흘러나와 475km를 흘러 셀렝게 강 Selenge gol과 합류한다. 셀렝게 강은 대초원을 우회하여 중부 항가이산맥에서 오르혼 강과 합류하여 북으로 흘러 시베리아의 바이칼 호로 흘러 들어간다. 그래서 몽골 사람들은 훕스굴을 '바이칼의 어머니 호수'라고 한다.

훕스굴의 기후는 여름에도 평균 온도가 섭씨 5~11도로 낮다. 새벽은 춥기 때문에 여름에도 게르 안의 스토브에 불을 지펴야 하고 아침은 쌀쌀하다. 겨울에는 섭씨 영하 40도까지 내려가 호수 전체가 완전히 얼어버려 그 위로 마차가 다닌다. 얼어붙은 호수가 쩡쩡 울어댄다. 강우량이 연간 300~400mm로 몽골의 다른 지역보다 비가 많은 편이다.

호수 주변에는 엘크, 무스, 야크, 야생 사슴, 소, 말 등이 방목되고 있다. 맑은 호수에는 거대한 타이멘 민물연어의 일종, 모캐 대구의 일종, 농어 따위의 민물고기가 많이 서식한다. 영양, 노루, 야생염소, 순록, 곰, 시라소니, 담비 등 70여 종의 포유동물, 250여 종의 조류가 서식하며 750종의 식물이 있다.

유람선으로 호수와 주변의 아름다운 자연을 감상할 수 있고, 호수 주변에서 하이킹, 말 타기, 야크 타기, 낚시를 즐길 수 있다. 특히 훕스굴 호수 주변에서의 승마는 매우 즐거우며 도중에 소수민족 차탕족의 게르를 방문할 수도 있다.

새벽·낮·밤에 따라 물빛이 다른 호수

새벽 호수는 고요하다. 하얗게 물안개가 피어오르고 호수 동쪽에서 해가 서서히 떠오르면 호숫물이 붉게 물들면서 홉스굴의 아침이 시작된다. 대낮의 햇빛에 빛나는 호수는 더할 나위 없이 짙푸르다. 호숫가에는 각양각색의 야생화들이 흐드러진 향연을 펼친다.

황혼에 물든 호수는 마지막 열정처럼 만물을 끌어안는다. 백야 현상으로 호수의 밤은 저녁 늦게야 찾아온다. 하나 둘씩 얼굴을 내미는가싶더니 어느새 밤하늘은 별들로 가득하다. 쏟아질 듯 다가오는 별들은 나그네의 밤을 앗아간다.

홉스굴의 풍경

은하수에 취한 일행들은 호숫가에 모닥불을 피우고 이야기꽃을 피우며 저마다의 전설을 만든다. 그렇게 홉스굴의 밤은 깊어간다. 홉스굴의 밤은 잊고 있던 먼 곳에 대한 향수를 불러일으킨다. 누구나 홉스굴에 가면 잊지 못할 추억 한 자락을 쥐게 되리라.

순록과 함께 사는 차탕족

홉스굴의 북쪽 끝, 침엽수가 우거진 타이가 숲 속에서 큰 뿔을 가진 순록토나카이을 기르며 사는 유목민 차탕족 Tsaatan이 있다. 몽골어로 차는 '순록', 탕은 '따라다니는 사람들'을 뜻한다. 그들은 몽골에 남아 있는 마지막 위구르족으로 현재 약 200명 정도가 있다.

이들 유목민은 순록의 먹이를 따라 몽골과 러시아 국경을 넘나들며 유목생활을 한다. 그들은 순록을 타고 다니며 순록의 젖을 짜서 마시고 그 고기도 먹는다. 그들은 순록 젖에다 녹차를 타서 끓인 수테차를 마시며 순록의 젖으로 만든 유제품을 먹는다.

홉스굴의 석양을 즐기고 있는 일행들

순록은 크기가 120~220㎝, 어깨 높이가 90~140 ㎝에 몸무게가 150~220㎏이며 암수 모두 길고 여러 갈래로 된 뿔을 가진 것이 특징이다. 크리스마스 때 산타클로스의 썰매를 끄는 붉은 코의 루돌프가 바로 순록이다.

순록은 숲 속의 햇빛이 비치지 않는 곳에서 자라는 이끼풀 차강허브츠2)를 주로 먹고 겨울에는 마른 갈색 잎을 먹는다. 순록은 소금을 매우 좋아 하기 때문에 바위소금을 주머니에 넣고 흔들면 그 소리를 듣고 모여든다. 이동할 때 암컷이 앞서고 그 뒤를 새끼와 수컷이 따르는 습성이 있다.

소수 민족 차탕족이 기르는 순록

차탕족은 긴 나무 기둥을 삼각형으로 서로 받치고 그 위를 원래는 순록의 가죽으로 덮었으나 지금은 하얀 천을 덮어 만든 피라미드 모양의 끝이 뾰족한 이동식 천막집에서 산다. 게르보다 짓고 허는 것이 더 간단하다. 미국 인디언들이 살고 있는 '오르츠Urts'와 비슷하다. 차탕족은 주로 나무가 많은 산간지역에 살기 때문에 오르츠는 게르보다 높고 좁다. 천막 안에 연통 달린 난로만 있을 뿐 침대도 탁상도 없다. 땅바닥에 순록의 가죽과 모피를 깔고 그 위에서 생활한다. 차탕족의 중심적 종교는 샤머니즘이다. 이 때문에 홉스굴이 샤머니즘의 중심이 됐다. 그들이 사는 곳을 가면 가장 오랜 종교유산인 셔먼을 만날 수 있다.

---

2) 나무 아래 맨땅에 피는 흰 풀

무릉의 사슴돌

무릉 근처에 몽골의 고고유물 考古遺物의 하나인 돌조각 사슴돌이 모여 있는 유적지가 있다. 무릉의 동북 15㎞에 있는 우식인 우불 Uushgin Uvur에는 동쪽에 3개, 서쪽에 11개, 모두 14개의 여러 가지 모양의 사슴돌이 넓은 초원에 서 있다. 에르헬 노르 Erhel nuur는 무릉에서 북으로 35㎞에 위치한 소금호수로 그 주변의 초원에 사슴돌이 있다. 울란톨고이에는 몽골에서 발견된 사슴돌 중에서 가장 큰 4m 가까이 되는 사슴돌이 있다.

투르크시대의 돌비석

몽골의 고원에는 사슴돌 이외에도 고고유물로 바위그림 岩刻畵과 돌사람 石人像이 있다. 몽골의 석상은 구석기 시대의 바위그림에서 시작하여 청동기시대의 사슴돌을 거쳐 철기시대의 돌사람으로 이어져 왔다. 대부분의 바위그림에는 염소나 사슴 같은 야생동물들이 새겨져 있으며 주로 수렵생활의 풍요를 기원하는 내용이 담겨 있다.

몽골의 바위그림은 고원의 곳곳에서 발견되지만, 가장 대표적인 곳은 알타이산맥의 동쪽 끝에 있는 오보르한가이 아이막의 데비쉬울 Tewshuul 바위그림 유적지와 돈드 고비 아이막의 델올 바위그림 유적지가 유명하다.

몽골어로 보강 후슈 Bugan khushuu 라고 불리는 사슴돌은 1~3m의 비석 모양의 긴 돌조각에 사슴을 새겨 초원에 세워 놓은 것이다. 사슴돌은 전 세계에 700여 개가 발견됐는데 약 500개가 몽골에 있다. 몽골에서도 무릉 부근이 사슴돌이 많은 곳으로 유명하다.

몽골어로 훈촐로 Khun chuluu 3) 라고 불리는 돌사람은 7~9세기경 투르크시대에 만든 돌사람과 13~14세기경 몽골제국시대에 만든 돌사람으로 나뉜다. 투르크시대의 돌사람은 몽골의 동부에 많은데, 투르크 민족을 위해 큰 공을 세운 인물을 기념하기 위해 세운 것이며 동쪽을 향해 서 있다. 몽골제국시대의 돌사람 훈촐로는 서부에 많

몽골의 돌하루방 훈촐로

으며 몽골부족이나 마을의 수호신으로 세운 것으로 남쪽을 향해 서 있다. 훈촐로는 현재 몽골에 66기가 남아 있으며 그 중 20여 기가 몽골의 동부 수흐바타르 아이막의 다리강가 지역에 모여 있다.

훈촐로는 오른손에 잔을 들어 가슴에 대고 있고 왼손은 무릎에 올려놓았고 신발이 뚜렷하게 보인다. 훈촐로는 제주도의 돌하르방4)과 비슷하다. 훈촐로는 현무암을 비롯하여 여러 돌로 만들었지만, 돌하르방은 다공질 현무암으로 만들었으며 서로 마주보고 서 있다. 훈촐로는 수호신으로서의 역할을 했는데 비해, 제주의 돌하르방은 수호신뿐만 아니라 주술종교와 위치를 알리는 역할까지 했다.

---

3) 돌로 만든 사람이라는 뜻. 선조들의 초상이라 불림.
4) 돌로 만든 할아버지란 뜻의 제주도 방언.

GOBI DESERT
대자연의 보고 고비

모래와 잔돌이 섞여 있는 황무지에 짧은 풀이 드문드문 있는 반사막 고비

사막 아닌 사막 고비

18

모래, 초원, 산, 빙하가 어울린 반사막

몽골여행의 백미는 고비사막 Gobi Desert이다. 고비는 몽골의 최고 관광지일 뿐만 아니라 세계적인 관광지다. 몽골의 남서부, 몽골과 중국의 국경 사이에 광대하게 펼쳐진 고비사막은 동서로 1,600km에 남북으로 970km에 그 넓이가 130만㎢로 세계에서 4번째로 큰 사막이다. 그 중 31만㎢가 몽골에 속해 있으며 몽골 국토의 21%를 차지한다. 고비의 대부분이 접근이 불가능한 곳으로 인간의 손이 닿지 않은 자연 그대로의 처녀지로 남아 있다.

고비사막은 크게 도르노드 고비 Dornod Gobi(동고비), 돈드 고비 Dond Gobi(중앙고비), 우믄 고비 Umno Gobi(남고비), 알타이 고비 Altai Gobi(서고비)로 나뉜다.[1] 〈뉴욕 타임스〉는 이 가운데 가장 남쪽에 자리한 우믄 고비를 죽기 전에 가봐야 할 곳 중 하나로 선정했는데, 이 세계적인

---

1) 넓이가 남고비 16만 5천 km², 동고비 12만 3천km², 중앙고비 7만 8천 km²임.

관광지는 몇백만 년 전에 서식했던 공룡의 고향이기도 하다.

황사의 발원지

고비 Gobi는 몽골어로 '풀이 잘 자라지 않는 거친 땅'을 뜻한다. 사하라사막과는 달리 고비사막은 모래만 있는 곳이 30%밖에 안 된다. 나머지는 모래와 잔돌이 섞여 있는 황무지에 짧은 풀이 드문드문 있고 바위산, 계곡, 하천도 있는 반半사막이다.

고비 일대의 기후는 심한 대륙성 건조기후다. 고비의 겨울은 낙타의 주둥이에 고드름이 달릴 정도로 혹독하게 춥다. 최고 섭씨 영

고비사막의 명물 쌍봉낙타

하 40도까지 내려간다. 여름은 짧고 무더우며 섭씨 45도까지 올라간다. 히말라야산맥이 비구름을 막아 연간 강우량이 50㎜밖에 안 되며 그나마 대부분의 비가 여름에 내린다.

고비사막은 봄마다 우리나라에 불어오는 황사의 발원지다. 황사는 5,000m 상공까지 올라가 제트기류라고 불리는 편서풍을 타고 동으로 이동하여 우리나라까지 오는 데 3일밖에 안 걸린다. 우리나라에서는 모래먼지 정도지만 몽골에서는 모래폭풍 Sand Storm이나 다름없다. 심할 경우 황사는 하와이나 미국 서해안까지 날아간다. 미국에서는 황사를 '아시아의 먼지 Asian Dust'라고 부른다.

쌍봉낙타의 고향

고비는 붉은 털에 등에 혹이 두 개 있는 쌍봉낙타_{호요르 부흐테 테메} Hoyor buhtei temee의 고향이다. 고비의 쌍봉낙타는 크기가 2.5~3.5m에 몸무게는 450~690kg이며 아프리카의 사하라사막이나 아라비아 사막 일대에 서식하는 혹이 하나인 단봉낙타보다 약간 작다.

   쌍봉낙타는 발가락이 2개이며 발바닥이 넓어서 모래땅을 걸어 다니는 데 적합하여 등에 120~180kg의 짐을 싣고 사막을 시속 5km의 속도로 하루에 30km를 갈 수 있다. 스스로 콧구멍을 막을 수가 있고, 귀 주위의 털도 길어서 모래먼지를 막아준다. 낙타는 체온이 40도가 될 때까지 땀을 흘리지 않고 몸무게의 40%까지 수분을 잃어도 살 수 있어 사막에서 오랜 시간 동안 물 없이도 견딜 수 있다.

발바닥이 넓어 모래사막을 걷는데
적합한 쌍봉낙타

가축에 물을 먹이고 있는
고비사막의 목동

 이처럼 낙타는 사막에 가장 적합한 동물이기 때문에 기원전 3000년경부터 가축화되어 사막에서 사람이나 짐을 싣고 다니는 데 이용되어 왔다.
 낙타는 양질의 젖과 고기를 제공해주고 그 털은 직물용으로 쓰여 사막지대에 가장 적합한 가축이다. 특히 낙타의 젖은 사람의 젖에 가장 가깝기 때문에 몽골에서는 산모의 젖이 부족할 때 낙타젖을 아기에게 먹인다. 낙타 등의 혹에는 지방이 저장되어 있으며 영양 상태에 따라 크기가 달라진다. 단봉낙타는 더위에 강하고 쌍봉낙타는 추위에 강한 특징이 있다. 사육낙타가 대부분이며 야생낙타는 타클라마칸 사막 동부에 일부 남아 있다.

희귀 동식물의 천국

고비사막에는 바위산, 절벽, 모래언덕, 계곡, 작은 개울, 소금호수, 사막초원, 오아시스 등이 섞여 있다. 고비사막에는 가혹한 자연환경 때문에 초원에 비해 유목민이나 오축이 적다.

대신에 야생 말, 야생 노새, 고비사막 곰, 야생 낙타, 야생 염소, 야생 양 등 52종류의 각종 희귀한 야생동물들과 240종에 가까운 새들, 그리고 620종에 가까운 고산식물이 서식한다.

고비사막에는 계절에 따라 하천에 물이 흐르고 갖가지 야생화가 곳곳에 피며 때때로 신기루도 보인다. 바람에 굴러다니는 아름다운 풀 함훌 Hamhuul 은 고비사막에만 서식한다. 고비의 유목민은 이 반사막에서 말, 양, 산양, 쌍봉낙타, 야크 등을 방목하며 살아간다. 고비에는 터키석, 사파이어, 석영, 수정 등의 보석류와 광물자원이 풍부하다.

소리 없이 열리는 고비의 새벽

해질녘의 고비사막은 황금빛 모래언덕으로 장관을 이룬다. 세상의 빛을 모두 뿜어내듯 하늘과 모래언덕이 함께 타오른다. 세상이 모두 타버리고 모든 소리가 잠든 적막한 세계에 달이 떠오르고 유별나게 초롱초롱한 별들이 밤을 장식한다. 몽골의 새벽은 시간이 멈춘 가운데 아무런 기척도 없이 고요하게 열린다. 그 황혼과 별들, 그리고 여명은 고비만이 줄 수 있는 강렬한 추억으로 남는다.

조용히 열리는 고비사막의 아침

고비의 유목민

초원 유목민의 생활냄새가 유제품의 발효냄새라면, 고비 유목민의 생활냄새는 낙타의 냄새다. 특히 낙타의 마른 똥을 태우면 그 냄새가 지독하다.

고비의 유목민은 1년에 10번 정도 옮겨 다니며 낙타와 염소를 방목한다. 몽골 전체 낙타의 70%, 염소의 50%가 고비사막에 있다. 소는 건조한 기후에 약하기 때문에 고비사막에는 많지 않다. 이들 유목민은 마유주 대신에 낙유주를 마시고 차는 낙타젖으로 만든 수태차를 마신다. 낙타젖은 조금 신맛이 나는 것이 특징이다.

고비사막의 쌍봉낙타와 유목민 소년

고비사막 여행 때 주의해야 할 것이 파리다. 고비의 파리는 눈에 부딪히는 순간 20~30개의 알을 깐다. 건조한 고비에서 파리는 새끼를 낳기 위해 사람이나 동물의 눈의 수분을 이용하기 때문이다. 그대로 두면 서너 시간 뒤에 눈이 부어올라 앞을 못 보기 때문에 고비에서는 반드시 선글라스를 써야 한다.

고비사막의 관광객을 위한 캠프촌

야트막한 산과 초원과 모래가 어우러져 있는 돈드 고비

자연의 보고 돈드 고비

19

독특한 바위산들이 솟아 있는 사막

울란바타르에서 남으로 260㎞에 자리한 돈드 고비 Dond Gobi 는 광대한 고비사막의 입구이다. 여기서부터 몽골 최대의 관광지인 고비사막이 시작된다. 항공편이 없어 차로 갈 수 밖에 없다.

울란바타르를 떠난 차는 맨 처음 만난 오보에서 차를 멈추어 운전기사가 오보 주위를 시계 방향으로 세 바퀴 돌며 여행의 안전을 기원한다. 갈 길이 바쁠 때는 경적을 세 번 울린다. 여행의 안전과 무사 귀환을 기원하는 몽골의 풍습이다. 비포장도로를 달리다 보면 울란바타르에서 멀어질수록 점차 초록빛 초원이 사라지고 황갈색의 황무지가 많아진다. 유목민의 천막집 게르도 가축무리도 보기 힘들어 진다. 6~7시간 걸려 사막이 황혼으로 물들 무렵에 돈드 고비의 중심도시인 만달고비 Mandalgobi 에 도착한다.

고도 990m~1,926m의 돈드 고비는 고비사막의 중앙에 위치해 있으며 갈색 평원에 돌들이 많고 독특한 모양의 바위산들이 솟아 있다.

돈드 고비의 볼거리

돈드 고비의 주요 관광지로는 바그 가즈링 촐로 Baga Gazlin Chuluu, 숨 허흐 부르드 Sum Khokh Brud, 바리 함 약수 Bari Khamba Spring, 차강 수브라그 Chagan Suvrag, 에르덴달라이 Erdenedalai 등이 있다.

만달고비에서 북서로 60㎞ 떨어진 곳에 평균 고도가 1,500m의 화강암으로 된 독특한 모양의 바위 산맥 바그 가즈링 촐로가 있다. '작은 지역의 돌'이라는 뜻이다. 독특한 바위 풍경이 매우 인상적이다. 이 산맥의 가장 높은 봉우리 바가 가즈린 울 Baga Gazlin Uul 은 그 높이가 1,768m나 된다. 바가 가즈린 촐로에 폐허가 된 사원이 있는데 그 주변에 19세기 이곳에 수도생활을 하던 승려가 남긴 암벽화가 남아있다. 이곳에 야생동물이 많이 서식하고 있으며 한때 수정이 많이 생산됐다.

바가 가즈린 촐로에서 21㎞ 떨어진 곳에 숨 허흐 부르드가 있다. 산긴 달라이 호수 가운데 있는 작은 섬에 서 있는 돌로 만든 절이다. 10세기 무렵 한 승려가 20마리의 낙타로 300㎞ 떨어진 곳에서 돌을 실어다가 지은 절이다. 사원이 건설된 후 오랫동안 폐허로 방치되어 보존 상태가 좋지 않다. 고대에 바다였던 지역에 석회암이 만들어낸 높이 30m의 흰 절벽이 사막 한가운데를 차강 수브라그 Chagan Suvrag 가 차지하고 있다. 몽골인들은 '하얀 당신'이라는 뜻으로 차강 하이르한 Chagan Khairkhan 이라고 부른다.

차간 수브라그에서 20㎞ 남서에 해양 동물 화석을 비롯해 암벽화가 발견된 울란 수브라그 Ulaan Suvrag 가 있다.

고비사막의 가축 동상

　울란바타르에서 우문고비의 기점 달란자드가드로 가는 도중에 들리게 되는 에르덴달라이 Erdenedalai 는 만달고비와 함께 돈드 고비의 중요한 마을로 차량에 기름을 채우거나 먹을 것을 보충하기 위해 차량이 잠시 쉬는 곳이다. 이곳에 라마교 사원 김필 다르자란히드 Gimpil Darjaalan Khiid 가 있다.

　18세기 달라이 라마가 몽골 첫 방문을 기념하여 세운 사원으로 사회주의시대에 몽골에서 파괴되지 않은 9개의 사원 중 하나로 보존상태가 매우 양호하다.

연못가에 모여 물을 마시고 있는 가축들(고비사막)

신비한 우믄 고비

20

얼음계곡·불타는 절벽·노래하는 모래 언덕

울란바타르에서 우믄 고비의 관광기점인 사막도시 달란자드가드 Dalanzadgad까지 553km, 철도로 12시간, 차로 14시간, 프로펠러기로 1시간 30분 걸린다. 울란바타르 서쪽 드라곤센터의 장거리 버스터미널에서 우믄 고비로 가는 정기 버스가 떠난다. 가는 길은 일부만 포장돼 있고 대부분이 초원길이다. 울란바타르를 벗어나면 광대한 푸른 초원이 계속되다가 고비사막에 가까워지면 점차 황갈색의 황무지로 변한다. 이 초원길을 달려 중앙 고비의 중심지인 만달고비 Mandalgobi를 거쳐 우믄 고비 아이막의 수도 달란자드가드에 다다른다. 우믄 고비 아이막은 몽골에서 가장 큰 아이막으로 몽골 전체 면적의 10%를 차지한다. 인구밀도가 가장 낮다.

달란자드가드에 있는 고비 박물관에는 고비의 역사와 문화를 알 수 있는 여러 가지 자료와 유품들, 18살 소녀의 뼈로 만들었다는 악기, 그리고 공룡 뼈와 공룡 알의 화석들이 전시되고 있다.

고비·구르반 사이한 국립공원

고비사막은 세계적인 관광지로 볼 것이 많다. 그러나 사막이 너무 넓은데다 각 관광지까지의 거리가 멀어 관광할 수 있는 곳은 달란자드가드[2]를 중심으로 한 우믄 고비 일대로 한정된다.

달란자드가드에서 남서로 40km 떨어진 곳에 동서 380km, 남북 90km나 되는 세계에서 가장 큰 동물보호구역[3]인 고비·구르반 사이한 국립공원 Gobi·Gurvan Saikhan National Park이 있다. 구르반 사이한은 '세 미인'이라는 뜻으로 세 개의 아름다운 바위산이 있어 붙은 이름이다.

우믄 고비의 대표적인 관광지로 사막 속의 빙하로 유명한 얼음계곡 욜린 암, 세계최대의 공룡화석의 발굴지로 유명한 불타는 단애 바얀작, 그리고 우는 소리를 내는 모래언덕으로 유명한 헝거르엘스를 들 수 있다.

신비한 고비사막의 얼음계곡

달란자드가드에서 서로 45km 떨어진 곳에 유명한 얼음계곡 욜린 암 Yoliin Am이 있다. 달란자드가드와 바얀달라이 사이의 초원지대에는 높이 3,000m의 구르반사이한 산이 있다. 그 산의 두 봉우리 사이에 있는 깎아지른 석회암 계곡이 욜린 암 계곡이다. 이 계곡 위

---

2) 고비지역에서 가장 큰 도시로 인구 15,000명, 1월 최저기온 -17도, 7월 27도, 강우량 180㎜. 고도 1,403m.
3) 리우데자네이루 선언에 따라 몽골은 자연을 엄정보호지역(12곳), 국립보호공원(9곳), 국립보호지역(15곳), 자연역사기념물(6곳) 나누어 보호하고 있다.

에 요르라고 부르는 대머리 독수리가 항상 떠 있어 '독수리의 계곡' 이라는 뜻으로 욜린 암이라고 부른다.

입구 주차장에서 계곡까지 3㎞, 산길을 따라 가는 도중에 계곡에 야생화가 만발해 있고 바위 절벽에서 먹이를 찾는 산양을 볼 수 있다. 계곡 입구에 있는 자연사 박물관에는 고비지역의 야생동물들의 박제가 전시되고 있다.

욜린 암 계곡은 섭씨 30도가 넘는 한 여름인데도 사막에서 보기 드물게 높이 200m의 암벽이 병풍처럼 둘러져 있고 계곡에는 얼음이 남아 있다. 일명 '얼음골'이라고도 불린다. 야생 양, 눈 표범, 검은 독수리, 대머리 독수리 등을 볼 수 있다. 이곳은 7월에 방문하는 것이 가장 좋다.

섭씨 30도가 넘는 한 여름에도 얼음이 있는 얼음계곡 (고비사막)

공룡이 거닐었던 불타는 절벽 바얀작

우믄 고비는 세계적으로 공룡화석의 발굴지로 유명하다. 그 밖에 구석기시대, 신석기시대, 청동기시대의 유물들이 발견됐다. 달란자드가드에서 북서로 약 100km, 차로 2시간 정도 가면 사방으로 지평선만이 보이는 황야에 붉은 절벽 바얀작 Bayanzag Flaming Cliffs이 솟아 있다. 바얀Bayan은 '많다'는 뜻이며 작zag은 '나무이름'이다.[4] 작나무가 많다는 뜻이다. 지금은 사막화로 인해 작나무가 그렇게 많지 않다. 이 나무는 적은 수분으로도 수백 년을 살 수 있어 사막에 적합한 나무다. 잎이 우리나라의 향나무와 비슷하며 줄기는 그리 크지 않지만, 뿌리가 땅속 깊이 뻗어 있어 강한 바람도 잘 견딘다.

'몽골의 그랜드 캐니언'으로 불리는 바얀작은 붉은 갈색의 깎아지른 절벽이 남북으로 길게 뻗어 있어 '불타는 단애'라고도 불린다. 2억 년 전에 바다였다가 지각변동으로 솟아오른 땅이 비바람에 깎여서 지금과 같은 독특한 경관이 된 것이다.

고비는 세계최대 공룡화석의 보고다. 그 중에서도 바얀작은 수백만 년 전 백악기 白堊紀[5]에 공룡이 서식했던 곳이다. 1922년에 미국 뉴욕의 자연사 박물관의 로이 참프먼 앤드류Roy Champman Andrews가 이곳에서 세계 최초로 10~15cm 크기의 공룡의 알과 뼈를 발견했다. 이 발견으로 공룡은 포유류가 아니고 파충류로서 새끼

적은 수분으로도
수백 년을 사는 작나무
(고비사막)

---

4) 작나무는 고비의 자갈이 많은 반사막에서 자라는 뿌리가 땅 깊이 길게 뻗어 있는 나무로 그 수명이 250년을 넘는다.
5) 중생대 지질시대는 트라이아이스-쥬라기-백악기 순으로 구분되는데 백악기는 중생대를 대표하는 동물들인 공룡이 멸종하기 시작한 시기이다.

공룡이 걸어 다녔던
바얀작의 모래언덕
(고비사막)

를 낳지 않고 알을 낳는다는 사실이 밝혀졌다. 그 후 2년 동안 이 일대에서 100개 이상의 공룡의 뼈가 발굴됐다. 지구상에 330여 종의 공룡이 살았는데, 그 중 16%가 몽골에서 발견됐다

1960년대에는, 재빠른 몸놀림에 머리가 매우 좋고 몸길이가 3m의 아주 작은 공룡 벨로키랍토르 Velociraptor 와 몸길이 2m의 뿔다운 뿔이 없는 초식 공룡 프로토케라톱스 Protoceratops 공룡의 뼈가, 1992년에는 날지 못하는 새의 친척인 중생대의 원시 새 모노니쿠스 Mononykus 가 발견됐다. 벨로키랍토르는 '날쌘 도둑', 프로토케라톱스는 '뿔이 있는 얼굴'이라는 뜻이다.

공룡 뼈의 발굴지로 가장 유명한 곳은 미국이고 그 다음이 몽골과 중국이다. 이곳에서 발굴된 공룡화석은 대부분이 울란바타르의 국립자연사 박물관에서 전시되고 있다.

바얀작에서 수 킬로미터 떨어진 곳에 몽골의 쥬라기 공원이라고 불리는 또 하나의 공룡 유적지로 유명한 터그러깅 쉬레 Togrogiin shiree가 있다. 영화 「쥬라기 공원」을 연상케 하는 이곳은 마치 공룡들이 뛰쳐나올 것 같은 느낌을 준다.

노래 부르는 모래언덕 헝거르 엘스

고비사막에는 아름다운 모래언덕이 많다. 대표적인 곳이 헝거르 엘스 모래언덕 Hongor Els Sand Dune 이다. 달란자드가드에서 200㎞, 차로 5시간 걸리는 평원에 아름다운 모래언덕이 솟아 있다. 헝거르 엘스는 바람에 운반된 모래가 쌓여 만들어진 너비 6~12㎞, 높이 50~200m의 모래언덕으로 그 길이가 180㎞나 되며 야트막한 모래산맥처럼 길게 뻗어 있다.

모래언덕을 따라 하천이 흐르고 그 주변에 숲이 우거져 있어 자

바람따라 조금씩 이동하는
아름다운 헝거르 엘스 모래언덕
(고비사막)

연의 신비를 더해 준다. 바람이 언제나 북서로 불기 때문에 모래 언덕이 바람이 부는 방향으로 계속 솟아오르고 바람 따라 조금씩 이동한다. 모래언덕의 색깔도 황색, 흰색, 붉은색에 이르기까지 매우 다채로우며 모래알의 크기도 다양하다. 햇빛에 따라 모래언덕의 색깔이 바뀐다. 바람에 모래가 조금씩 이동하면서 내는 소리를 멀리서 들으면 아름다운 음악을 감상하는 듯하다. 그래서 고비의 유목민은 이 언덕을 '노래 부르는 언덕'이라는 뜻으로 두트 만한 duut mankhan 이라고 부른다. 모래 언덕에서 모래썰매를 탈 수도 있다.

 낙타를 타고 모래언덕을 트래킹해보면 언덕 아래에 초원이 펼쳐지고 북쪽 끝에 작은 두 개의 하천과 호수들이 있어 오아시스를 이룬다. 하천은 수 킬로미터를 흐르다가 슬그머니 없어진다. 짙푸른 하늘, 푸른 신기루, 황금색 모래, 그리고 드넓은 초원이 전개된다. 고비의 유목민은 하천 따라 형성된 초원에서 가축을 기른다.

KARAKORUM

몽골의 심장 카라코름

티베트 양식의 불사리탑(불교사원 에르덴 조)

몽골제국의 첫 수도 카라코름

21

몽골민족의 정신적 고향

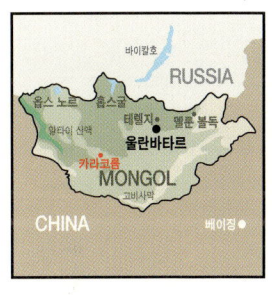

울란바타르에서 남서로 380㎞ 떨어진 몽골고원의 중앙, 오보르한가이 아이막 Uvurkhangai aimag 의 오르혼 강 계곡에 몽골민족의 정신적 고향이며 몽골제국의 수도였던 카라코름 Karakorum 유적지가 있다. 카라코름은 몽골어로 '검은 자갈'이라는 뜻이다. 그 일대에 현무암이 많아 비가 와서 젖으면 검게 보이는 데서 유래됐다. 지금의 지명은 하르호린 Harhorin 이다.

울란바타르에서 카라코름까지의 항공편은 헬리콥터만이 부정기적으로 다닌다. 차로 가면 포장된 도로인데도 6시간 걸린다. 게르 캠프가 있는 바양고비까지는 시속 80㎞로 달릴 수 있다. 가는 도중에 넓은 초원, 모래언덕, 유목민의 방목풍경, 그리고 야생동물들을 볼 수 있으나 다소 지루하다.

티베트 양식의 불교사원 라브란사

　　카라코름은 몽골고원의 중앙에 자리한 북방실크로드 초원의 길의 교차점으로 교통의 요지였으며, 세계의 문물과 여러 민족의 동서교류가 매우 활발했던 국제도시였다. 이탈리아의 여행가 마르코 폴로(Marco Polo : 1254~1324)가 중국 시안西安으로 가는 도중에 머물렀던 곳이다. 마르코 폴로는 『동방견문록』[1]에서 '카라코름은 둘레가 3마일 정도 되는 도시로 돌이 부족하기 때문에 성내 건물

---

1) 이탈리아의 마르코 폴로가 1271년부터 1295년까지 동방을 여행한 체험담을 기록한 여행기.

은 모두 나무와 흙으로 지었고 주위 성벽도 흙으로 만들었다. 이 토성에서 그다지 멀지 않은 곳에 매우 화려한 궁전이 있다'고 소개하고 있다. 윌리엄 루브룩의 『동방여행기』[2]에서는 '카라코름에는 사라센 이슬람 구역과 중국인 구역이 있다. 두 구역의 외곽에 여러 민족들의 예배당과 이슬람교 사원과 기독교 교회가 있다'고 기록하고 있다.

오르혼, 톨, 셀렝의 세 강 유역에 자리한 이 일대의 넓은 초원은 물이 풍부하여 흉노, 돌궐, 위구르 등 역대 기마유목국가들의 거점이었다. 지금은 초원에 불교사원만 남아 있고 화려했던 옛 몽골제국의 수도의 모습은 찾아볼 수 없다.

에르덴 조의 상징

흔히 옛 몽골의 도시를 '풍시'風市(바람의 도시)라고 일컫는다. 초원에 어느 날 크고 작은 게르 수천 개가 들어서서 도시가 생겼다가 어느 날 흔적도 없이 사라져버리는 것이 마치 바람과 같다고 해서 '바람의 도시'라고 불린다. 그 대표적 예가 바로 카라코름이다. 카라코름에서의 볼거리는 북쪽 초원에 있는 16세기에 지은 불교사원 에르덴 조와 유네스코가 세계문화유산으로 지정한 그 일대 오르혼 계곡의 문화적 경관이다. 몽골제국 수도로서의 위치만 확인됐을 뿐 과거의 영광과 번영의 흔적은 남아 있지 않다.

---

[2] 미국의 동양학자·외교관 윌리엄 록힐(William Woodville Rockhill : 1854~1915)이 1930년에 쓴 여행기.

카라코름의 탄생

몽골제국은 유목민이 건설한 국가이다 보니 초기에는 칭기스칸이 움직이며 머무는 곳이 곧 수도였다. 그러나 영토가 급속히 확장되면서 고정된 수도의 필요성을 느낀 2대 어거데이칸은 즉위 7년째 되던 1235년에 새로운 수도를 건설했다. 그것이 몽골제국 최초의 수도인 카라코름이다.

카라코름은 동서로 1,500m, 남북으로 2,500m인 성곽도시로서 폭 1m, 높이 2m의 성벽에 4개의 성문이 있었다. 성벽 안의 남쪽 모퉁이에 '위대하고 평안한 궁전'이란 뜻의 화려한 만안궁 萬安宮(투멘암개)이 있었다. 지금은 궁터만 남아 있다. 넓이가 2,800㎡나 되는 만안궁은 중국식으로 지었으며 초록색 바닥에 64개의 큰 기둥을 세웠다. 만안궁에는 은나무 Silver tree 가 있었다. 명절이나 큰 잔치 때 꼭대기에 있는 은으로 만든 사람이 나팔을 불면 용의 입에서 꿀, 술, 포도주, 마유주가 흘러내렸다.

카라코름은 5대 쿠빌라이칸이 수도를 대도 Dadu(大都 : 당시 연경, 지금의 베이징)로 옮기기 전까지 32년 동안 몽골제국의 수도로 정치, 경제, 문화, 종교의 중심지였고 유라시아 대륙의 동서를 연결하는 실크로드의 교통요지였다. 이곳을 중심으로 각지로 연결되는 도로망이 구축됐고, 몽골어로 잠 Jam 이라고 불리는 역전제 駅伝制3)는 유라시아 각지의 문물과 사람이 카라코름으로 모여들게 하는 역할을 했다.

---

3) 역전제는 하루에 여행할 수 있는 거리인 40~50km마다 역을 설치하여 전령이 신속하게 먼 곳까지 도달할 수 있도록 한 제도.

불교사원 에르덴 조

카라코름에는 16세기 말에 건립된 몽골 최초의 라마불교 사원 에르덴 조 Erdenezuu Monastery가 있다. 몽골어로 에르덴은 '보석', 조는 '백'을 뜻하므로 에르덴 조는 '백 개의 보물'이라는 뜻이다. 흔히 이 불교사원을 몽골제국 옛 수도의 유적으로 착각한다. 불교사원 밖에 없는데도 몽골제국의 수도였다는 이유만으로 많은 외국관광객들이 카라코름을 방문한다.

이 사원은 가로 세로 각각 400m의 대지 위에 4개의 문과 불교의 백팔번뇌 百八煩惱(중생의 108가지 번뇌)를 상징하는 108개의 흰 첨탑 스브골 stupas이 있는 하얀 외벽으로 둘러싸여 있다. 사원의 지붕 처마가 우리나라 절의 처마와 비슷하다. 당시 이곳에는 100여 개의 사

에르덴 조의 라마승

거북돌

원과 1천여 명의 라마승들이 있었다. 그러나 사회주의 정권은 3개의 사원만 남겨놓고 모두 파괴했다. 사원은 박물관으로 유지돼 오다가 민주화 이후에 다시 불교사원으로 부활했다.

에르덴 조 사원은 중국, 티베트, 몽골의 건축양식으로 지었으며 쇠못을 전혀 사용하지 않은 것이 특징이다. 사원의 서쪽 문으로 들어서면 중앙에 티베트 양식의 하얀 불사리탑 소보르강 Suburgan gurba이 있고 그 옆에 세 개의 사원과 티베트 양식으로 지은 대강당 라브란사 Laviran temple가 있다. 세 사원은 부처의 유년시절, 청년시절 그리고 성년시절의 생애를 기리기 위해 지은 것이다. 1587년에 완공된 '부처의 조 Zuu of Buddha'라고 불리는 중앙사 Central Zuu Temple가 자리하고 그 안에 어릴 때의 부처상이 안치되어 있다. 그 양쪽에 서사 West Zuu Temple와 동사 East Zuu Temple가 나란히 자리한다.

거북돌과 남근돌

남근돌

사원 북서쪽에는 화강암으로 만든 거대한 거북돌龜石이 있다. 현재 이곳에는 모두 4개의 거북돌이 남아 있는데, 그 중 가장 큰 거북돌이 관광명소다. 이것은 몽골제국시대의 유물로 비문의 받침대였다. 크기 2m의 이 거북돌은 어거데이칸이 지은 만안궁에 있었던 것이다.

에르덴 조 사원에서 남쪽으로 조금 가면 산자락에 남근 모양의 돌 男根石이 여성의 둔부처럼 생긴 계곡을 향해 있다. 자식을 낳지 못한 사람들이 받드는 신앙대상이다. 이 돌을 본 여성이 24시간 안에 성관계를 가지면 잉태를 한다는 전설이 전해진다.

에르덴 조의 불상

몽골의 곳곳에서 만나는 초원의 휴게소

카라코름 주변

22

세계문화유산 투르크·위구르시대 유적들

현재 몽골에는 세계문화유산으로 지정된 곳이 두 군데 있다. 그 하나가 카라코름을 포함한 그 일대 오르혼 계곡의 문화적 경관 Orhon Valley Cultrul Landscape 이다. 이곳은 몽골의 중앙, 울란바타르에서 서쪽으로 380㎞ 떨어진 항가이산 기슭의 오르혼 강 서안, 몽골제국의 수도였던 카라코름 근처에 자리한 고고학적 유적이다.

이곳에 청동기시대의 문화를 상징하는 바위그림岩刻畵과 돌사람石人像, 6~7세기의 투르크의 사적, 8세기 위구르제국의 수도였던 성곽도시 유적 카라발가순, 8세기 초 돌궐시대의 비문 등이 있다.

초원의 붉은 폭포

카라코름에서 80㎞ 떨어진 곳에 올랑 초트갈랑 Ulaan Tsutgalan 폭포가 있다. '붉은 폭포'라고도 불린다. 고도 2,500m의 고원지대에, 오르혼 강에서 올랑 강으로 흘러들어온 물이 높이 20m, 폭 10m의 폭

높이 22m의 붉은 폭포 어르헌
(카라코름 주변)

포를 이루고 있다. 이곳에서 낚시와 캠핑을 즐길 수 있다. 폭포 주변에 에델바이스가 많이 피어 있다.

뱀의 전설이 전해오는 타이하르 촐로

카라코름 서쪽으로 4시간 거리에 몽골의 알프스라고 불리는 아르한가이 아이막이 있고 그 중심에 아담하게 자리한 도시 체체를렉 Tsetserleg이 있다. 몽골어로 '꽃이 만발한 정원'이라는 뜻이다. 야생화가 지천에 만발해 있는 초원과 푸른 강이 어우러져 있는 평야에 자리한 아담한 도시다. 몽골의 풍속문화에 관한 전시품과 귀금속이 전시된 현립 박물관과 동식물의 박제가 전시된 자연 박물관이 유명하다.

초원에 우뚝 서 있는 거대한 바위
타이하르 촐(카라코름 주변)

체체를렉 서쪽으로 20㎞ 가량 가다 보면 초원에 우뚝 서 있는 거대한 바위를 볼 수 있다. 높이 25m의 타이하르 촐로 Taihar Chuiuu Rock다. 먼 옛날, 마을에 큰 뱀이 나타나서 사람들을 괴롭히고 가축을 죽였다. 이때 바타르 영웅가 먼 산에서 거대한 바위를 메고 와서 뱀이 나오는 구멍을 막아버렸다. 그 바위가 타이하르 촐로다. 몽골인은 먼 길을 떠날 때 이 바위 둘레를 세 번 돌며 여행의 안전을 빈다.

위구르 유적지 카라발가순

카라코름 북쪽으로 17㎞ 떨어진 오르혼 강 상류 왼쪽에 위구르 제국의 수도였던 카라발가순 Karabalgasun 유적지가 있다. 옛 이름은 오르두 발리크 Ordu Baliq 였다. 몽골의 세계문화유산 오르혼 계곡 문화경관의 일부다. 카라발가순은 몽골어로 '검은 도시'라는 뜻이고 오르두 발리크는 '중심 마을'이라는 뜻이다. 기마유목민족이 처음 세운 도시로 토성으로 둘러싸여 있었으며 그 안에 동서 510m, 남북 400m의 궁전이 있었는데 지금은 토성의 일부와 망루만 남아 있다. 유적 중에는 이곳에서 발견된 한문·투르크 문자·소그드 문자의 세가지 서체로 새겨져 있는 카라발가순 비문이 유명하다.

한문·투르크 문자·소그드 문자의 3가지 문자가 새겨져 있는 카라발가순 비석 (카라코름 주변)

칭기스칸의 제2고향 검은 심장의 푸른 호숫가에 서 있는 기념비

KHAN AIMAG

칭기스칸의 고향-칸 아이막

칭기스칸을 몽골의 대칸으로 추대한 부족장의 나무조각상(검은 심장의 호수)

칭기스칸의 땅
헨티 아이막

23

칭기스칸이 태어나고 나라를 세우고 죽어서 묻힌 곳

몽골의 북동부, 러시아 국경 가까이에 오논 강이 흐르는 헨티 아이막 Khentii aimag 의 대평원이 칭기스칸의 고향이다. 이 평원에서 그는 태어나서 자랐고, 대칸에 올라 몽골제국을 세워 세계를 제패하고 죽어서 이곳에 묻혔다.

몽골은 인류사상 최대의 제국을 세웠던 위대한 역사를 갖고 있다. 그런데도 현재 남아 있는 사적이나 유물이 별로 없다. 오로지 남아 있다면 칭기스칸 시대나 별 다를 바 없는 초원과 유목문화뿐이다.

조금이나마 칭기스칸의 흔적이라도 찾아 볼 수 있는 곳이 있다면 바로 헨티 아이막뿐이다. 그래서 몽골인은 이 아이막을 '칭기스칸의 아이막'이라는 뜻으로 '칸 아이막 Khan aimag'이라고 부른다.

칭기스칸의 고향 가는 포장도로
밀레니엄 도로에 서 있는 오보

    헨티 아이막의 대표적인 칭기스칸 유적지로 그의 탄생지인 다달 솜[4]의 델룬 볼독, 칭기스칸이 대칸에 추대되어 몽골제국을 세운 첸헤름만달 솜의 허흐 노르, 그리고 『몽골비사』를 쓴 곳으로 알려져 있는 델게르항 솜의 허더 아랄이 있다. 칭기스칸이 태어난 델룬 볼독까지 가보는 것도 의미가 있지만, 너무 멀고 도로사정도 좋지 않은데다가 막상 가보면 별로 볼 곳이 없다. 그 중간에 있는 칭기스칸의 제2고향인 허흐 노르를 가보는 정도로 그치는 게 좋을 듯싶다.

---

4) 아이막(aimag)과 솜(soum)은 몽골의 행정단위로 아이막은 우리나라의 도, 솜은 군에 해당함.

칭기스칸의 고향으로 가는 길

울란바타르 동북쪽으로 590km, 칭기스칸의 고향 다달 솜^{Dadal Soum}까지 가는 헬리콥터가 있으나 운항이 일정하지 않다. 차로 가면 처음에는 포장도로인 밀레니엄 도로를 가다가 곧 비포장도로로 가게 된다. 가는 길이 복잡하고 예상보다 멀고 험하여 14~16시간 걸린다. 그럼에도 초원, 하천, 연못, 양떼, 목동, 게르가 연이어 나타나 지루함을 덜어준다.

차로 갈 경우 울란바타르 동쪽으로 150km, 헤르렌 강^{Herlen gol}을 끼고 있는 석탄 산지로 유명한 울란바타르의 위성도시 바가노르^{Baganuur}를 경유하여 동쪽으로 70km를 더 가면 첸헤르만달^{Tsenhermandal}에 이른다.

첸헤르만달에서 서북쪽으로 조금 올라가면 칭기스칸의 제2의 고향인 하르 주르흐니의 허흐 노르에 이른다. 첸헤르만달 남동쪽으로 90km를 가서 헨티 아이막의 수도 온도르칸^{Undurkhaan}[5])을 경유해서 북으로 260km를 더 가면 칭기스칸의 고향 다달 솜에 도착한다.

울란바타르를 빠져나오면 사방으로 드넓은 초원이 멀리 지평선까지 펼쳐져 있다. 가도 가도 끝없는 초원을 달리면 광대한 초원, 완만한 능선의 언덕, 몇 갈래로 갈라진 초원길이 이어지면서 대자연이 그린 수채화처럼 아름다운 풍경이 되풀이된다.

---

5) 몽골에서 두 번째로 추운 도시로 석탄생산과 온천으로 유명하고 인구는 15,000명.

풀만 있고 길이 없는 초원

초원에는 오직 풀만 있고 길이 없다. 그런데도 차는 계속 달린다. 길이라고 해봐야 초원에 두 줄로 나 있는 차바퀴의 흔적에 지나지 않는다. 이 초원길은 비가 오면 실개천이 되며 차가 한동안 다니지 않으면 다시 초원이 된다. 구불구불하고 울퉁불퉁한 초원길을 몇 시간을 달려도 사람이나 차를 만날 수 없다. 초원길을 달리다 보면 길이 몇 갈래로 갈라진다. 길 안내판도 없다. 경험이 풍부한 운전기사가 아니면 방향을 잃고 헤매기 마련이다. 초원길을 한참 달리다 보면 이따금 멀리 흰 꽃들이 아른거린다. 가까이 가보면 풀을 뜯고 있는 양떼다. 또한 초원을 조용히 흐르는 실개천 넘어 하얀 천막집 게르가 보이지만, 유목민은 거의 보이지 않는다. 1㎢에 평균 한 사람 정도 살기 때문이다. 유목민들도 한 달 동안 아무도 만나지 못하는 경우가 많다고 한다.

칭기스칸의 제2고향 검은 심장의 푸른 호수가에 나란히 서 있는 기념비와 대칸으로 추대한 아홉 부족장의 나무조각상

운이 닿으면 햇볕에 얼굴이 까맣게 그을린 양치기 목동을 만날 수 있다. 가까이 가서 카메라를 들이대도 아랑곳하지 않고 양떼를 이리저리 몰고 다니는 모습이 너무나 자연스럽고 여유롭다. 초원에서 태어나 초원에서 자랐고 가축들과 함께 초원에서만 살아와서 그런지 양치기 목동 자체가 대자연의 일부로 보인다.

초원에 핀 야생화들이 반겨준다. 가장 많은 야생화가 솜다리꽃 에델바이스과 흰 구절초다. 그 밖에도 야생 양귀비, 질경이, 창포, 야생 마늘달래꽃 등이 있다.

초원에는 변소가 없다. 여성의 경우 매우 불편할 수밖에 없다. 몽골 여성의 경우, 전통의상인 델이 사방이 트인 초원에서 가리개 역할을 해 준다. 여성 관광객이라면 초원의 야생화인 양 꽃무늬 양산을 펴면 좋지 않을까.

칭기스칸의 두 번째 고향 – 푸른 호수

첸헤르만달 서북쪽으로 35㎞ 떨어진 오논 강변에 크고 작은 두 개의 호수가 있다. 칭기스칸의 제2의 고향인 하르 주르흐니 ^{Khar Zurkh-nii}의 허흐 노르 ^{Khokh nuur}다. 하르 주르흐니는 몽골어로 '검은 심장'이라는 뜻이고 허흐 노르는 '푸른 호수'라는 뜻이다.

이 검은 심장의 푸른 호숫가는 유서 깊은 장소다. 1206년 이곳에서 열린 몽골 부족장회 쿠릴타이에서 테무진이 몽골 전체를 다스리는 대칸으로 추대되었기 때문이다.

현재 이 호숫가에는 칭기스칸 기념비와 몽골제국의 대칸으로 칭기스칸을 추대했던 아홉 부족장들의 조각이 서 있다. 쿠릴타이를 열기 위해 직경 15m나 되는 큰 게르를 세웠는데 당시 사용했던 것으로 보이는 주춧돌들이 남아 있다.

아홉 부족장의 나무조각상

칭기스칸의 고향 델룬 볼독

푸른 호수에서 다시 동쪽으로 260㎞를 더 가면 칭기스칸의 고향인 다달 솜에 도착한다. 헨티 아이막 Hentii aimag 의 동쪽 끝자락이다. 다달 솜은 바이칼 호수의 동쪽, 러시아와의 국경 근처에 자리하고 있다. 다달 솜은 타이가 숲이 우거져 있고 크고 작은 하천들이 많이 흐르며 비가 많이 와 '목마르지 않은 땅'으로 불리기도 한다. 나무가 많은 지역이다 보니 천막집보다 나무로 지은 집들이 더 많다. 바이칼 호 근처의 시베리아 같은 분위기이며 부리야트인 몽골족들이 살고 있다.

칭기스칸의 탄생지에 서 있는 바위 오보
(델룬 볼독)

칭기스칸의 탄생 800주년 기념비
(델룬 볼독)

칭기스칸의 땅 헨티 아이막

가장 오래된 역사책 몽골비사

높이 2m의 몽골비사 기념비
(허더 아랄)

다달 솜의 중심 오논 강과 발지 강 사이에 고르반 호수 Gruvan nuur가 있다. 칭기스칸이 이 호수에서 흙탕물을 마시며 전쟁에 나가기 전에 부하들과 함께 하늘을 향해 필승을 맹세했다고 한다. 그 북쪽에 붉은 소나무 숲이 우거진 일곱 개의 봉우리가 있는 언덕이 있다. 그곳이 1162년에 칭기스칸이 태어난 델룬 볼독 Deluun Boldog이다. 언덕 앞에 헤르렌 강이 흐른다.

현재 이 언덕에는 탄생 장소를 알리는 커다란 바위와 주위에 오보처럼 쌓인 돌무지 이외에는 아무 것도 없다. 돌무지에 있는 명판에 오래된 글씨체의 위구르식 몽골문자로 '델룬 볼독. 칭기스칸은 수마水馬의 해(1162년) 첫 달 16일에 이곳에서 탄생했다'고 적혀 있다.

델룬은 몽골어로 '소의 췌장', 볼독은 '낮은 언덕'이라는 뜻이다. 이 언덕의 모양이 소의 췌장과 비슷하다 해서 유래된 이름이다.

칭기스칸의 탄생지에 관해서는 여러 설이 있지만, 몽골의 가장 오래된 역사책『몽골비사』는 테무진이 델룬 볼독의 숲에서 태어났다고 전하고 있다.

고르반 호수 곁에 높이 12m, 가로 11m의 '칭기스칸 탄생 800주년기념비'가 서 있다. 기념비에는 칭기스칸의 초상화와 '내 몸이 잘못되면 됐지 내 나라가 잘못될 수는 없다'는 칭기스칸의 말이 새겨져 있다. 비석에 새겨진 칭기스칸의 생년월일은 1162년 5월 31일이다.

몽골비사의 아우락 유적

헨티 아이막의 델게르항 솜의 허더 아랄 Huduu Aral은 바양올랑 산의 남쪽, 헤르렌 강 연안의 초원에 칭기스칸의 여름 궁전의 흔적이 남아 있는 아우락 유적 Ikh Aureg이 있다. 어거데이칸 시대인 1240년에 이 궁전에서 『몽골비사 Secret History of Mongol』가 완성됐다.

현재 이곳 초원에 『몽골비사』 완간 750주년인 1990년에 유네스코의 지원을 받아 만든 높이 2m의 '몽골비사 기념비'가 서 있다. 화강암으로 만든 이 기념비에는 칭기스칸의 초상과 몽골제국을 세우는 데 참가한 각 씨족들의 문장낙인, 그리고 '쥐의 해 비의 달(7월)에 허더 아랄의 돌로온 볼독 산일곱 개의 작은 봉우리과 실긴체크세 개의 여자 젖가슴 사이에 오르도를 세우고 있을 때 이 책을 마친다'라는 『몽골비사』의 마지막 구절이 새겨져 있다. 『몽골비사』는 몽골의 기원부터 칭기스칸과 어거데이칸까지의 역사를 서사시로 담은 몽골의 가장 오래된 역사책으로 12권 282장으로 구성되어 있다.

1227년 음력 7월 12일 서하西夏 원정 도중에 사망한 칭기스칸은 오논, 헤르렌, 톨 강의 발원지인 헨티 아이막의 어딘가에 묻혀 있다. 도굴을 염려하여 평장平葬을 했기 때문에 지금까지도 그 무덤을 찾지 못하고 있다. 마르코 폴로의 『동방견문록』에 따르면, 칭기스칸의 장송 행렬을 본 사람들을 모두 죽이고 또 매장된 땅 위로 1천 마리의 말을 달리게 하여 그 흔적이 남지 않도록 했다고 한다. 현재 칭기스칸의 상징적인 무덤이 중국 내몽고자치구의 이진훠뤄기伊金霍洛旗에 있다.

칭기스칸의 상징적 무덤
(중국 내몽고자치구)

맺는 말

지난 여름 유목민의 땅, 푸른 대초원의 나라 몽골을 홀로 카메라 메고 다녀왔다. 일곱 번째 몽골여행이다. 대한항공 재직 시에 업무상 다닌 도시가 아프리카에서 남미까지, 알래스카의 페어뱅크에서 서아프리카의 섬 라스팔마스까지 거의 100여 군데가 넘는다. 정년퇴직 후에도 카메라 메고 여러 곳을 다녔지만, 흠뻑 매료되어 몇 번을 다녀온 곳이 고대문명의 보고 이집트, 대초원의 나라 몽골, 영원의 도시 이스탄불, 그리고 불교유적으로 유명한 캄보디아의 앙코르 와트와 중국의 둔황敦煌이다. 여행 다니며 수집했던 자료와 찍은 사진을 정리하여 고대 이집트에 관한 이야기를 엮어 『이집트의 유혹』2009년 기파랑을 발간했다. 이번에는 몽골에 관한 자료를 정리하여 몽골에 관한 이야기를 엮은 『몽골의 향수』를 발간하게 되었다.

돌이켜 보면, 몽골에 꼭 가봐야겠다고 마음먹은 것은 대학시절에 몽골에 관한 책을 읽고서부터였다. 하지만 사회주의국가인 몽골과 우리나라 간에는 국교가 없었기 때문에 여행길이 막혀 가고 싶어도 갈 수 없었다.

몽골에 처음 발을 들여놓은 것은 몽골에 개방의 바람이 불기 시작한 1992년이었다. 대한항공이 몽골항공에 제트 여객기 한 대를 무상으로 기증함에 따른 업무여행이었다. 그 뒤 몽골 정부의 초청으로 두 번째 몽골여행을 했다 그 때 몽골 정부의 주선으로 나온 몽골대학교 한국학과 여교수가 몽골과 몽골 유목에 관해 많은 이야기를 해주었다. 그것이 이후 몽골여행을 하는 데 많은 도움이 됐고 이 책의 기초가 됐다.

정년퇴직 후에는 신아시아 연구소 이상우 소장가 주관하는 몽골 프로젝트에 참가하여 몇 번을 더 다녀왔다. 알타이 지방만 못 가보고 테렐지, 홉스굴, 고비사막, 카라코룸, 칭기스칸의 고향 헨티 아이막까지 몽골의 주요 관광지를 카메라 메고 모두 다녔다. 그리고 울란바타르에서 차로 부리야트공화국의 수도 울란우데를 거쳐 시베리아의 바이칼 호까지 다녀왔다.

돌이켜 보면 20년 전에 처음 몽골에 갔을 때만 해도 울란바타르가 초원의 바다 위에 떠있는 섬처럼 아름답고 조용한 초원 도시였다. 지금은 개발의 물결에 휩싸여 자동차가 넘치고 스카이라인이 하루가 다르게 바뀌고 있다.

그러나 울란바타르에서 30분만 나가면 멀리 지평선까지 뻗어 있는 광대한 초원을 만날 수 있고 자연을 만끽할 수 있다. 예나 다름없는 삶을 살고 있는 유목민의 유목생활도 체험할 수 있다. 몽골여행에의 최대 매력은 초원과 유목민의 예스러운 유목생활에 있다. 그리고 그곳에서 느끼는 향수가 몽골의 매력을 더해 준다.

몽골은 가벼운 마음으로 다녀올 수 있는 여행지이다. 그러나 울란바타르와 그 주변의 자연만 보고 오는 단순한 여행보다는 반드시 바이칼 호의 어머니라고 불리는 담수호 홉스굴과 대자연의 보고인 고비사막을 여행하도록 권하고 싶다. 그리고 체험여행으로는 멀리 초원으로 나가 반드시 천막집 게르에 머물면서 마유주를 마시고 낮에는 드넓은 초원에서 양과 함께 노닐고 밤에는 별들의 향연을 즐기고 그리고 초보자도 쉽게 탈 수 있는 몽골 말을 타고 초원을 트래킹하는 여행을 권하고 싶다. 기회가 되면 샤먼의 몽골 굿을 보는 것도 좋은 추억거리가 될 것이다.

이 책을 집필하고 출판하는 데 몽골을 20번 이상 다녀와 많은 자료의 제공과 조언을 해주신 한림대학교 이상우 전 총장 그리고 2009년에 출판하여 지금은 이집트 여행자의 필독서가 된 『이집트의 유혹』에 이어 이번 『몽골의 향수』를 기꺼이 출판해주신 도서출판 기파랑의 안병훈 사장에게 진심으로 감사를 드린다. 또한 책이 출판되도록 챙겨주신 조양욱 주간과 박은혜 양, 북디자이너 김정환 선생 그리고 고비사막의 사진에 많은 도움을 준 신아시아연구소의 강인성 사무국장에게 감사를 드린다.

2011년 가을 서울 화곡에서
화운(禾耘) 이태원(李泰元)

Appendix
부록

몽골 여행 길잡이

지금의 몽골

국명 : 몽골 Mongolia

국기 : 빨강(번영 상징)과 파랑(평화 상징) 바탕에 소욤보(자유·독립을 상징) 문양

수도 : 울란바타르(인구 124만 명)

정체 : 대통령제, 민주공화제

의회 : 단원제

면적 : 156.4만㎢(한반도의 7.4배)

인구 : 278만 명, 인구 밀도 1.7인/㎢

인종 : 몽골인(92%), 그밖에 카자흐인(6%)

언어 : 할흐 몽골어

종교 : 라마교(90%) 이슬람교(5%)

국내 총생산 : US 59.8억 달러
  1인당 GDP 2,227달러(2010년 기준)

주요 생산품 : 쌀, 어류, 목재, 면직, 고무

경제 성장률 : 6.1%(2010년 기준)

화폐 단위 : 투그릭(Tugrik)

위치 및 지리

위치 : 중앙아시아 고원지대 북부(동경 88-120도,
  북위 41-52도) 북쪽-러시아
  서쪽-카자흐스탄 남·서쪽-중국.

지형 : 초원지대 71%, 사막지대 21%,
  산악·삼림지대 8%

한국과의 관계

1990년 : 한·몽국교 정상화
1990년 : 대사관 설치
1991년 : 경제·과학기술협력협정, 항공협정,
  무역협정 체결
1998년 : 서울 울란바타르 자매결연
1999년 : 김대중 대통령 몽골 방문
2003년 : 한·몽 관광협력협정 체결
2006년 : 노무현 대통령 몽골 방문
2010년 : 한·몽 수교 20주년 한국의 해 기념행사
2011년 : 이명박 대통령 몽골 방문

몽골 가는 길

인천-울란바타르를 운항하고 있는 대한항공과
몽골항공의 직행편을 이용하는 것이 가장 편리
(편도 4시간 소요)
그밖에 베이징을 경유해 울란바타르를 항공편이나
철도를 이용할 수도 있지만 시간이 많이 소요 됨.
(베이징-울란바타르 철도로 5시간 소요)

주요 관광지

몽골의 주요 관광지는 몽골의 세계유산, 몽골제국
유적지 관광, 대자연 관광, 초원의 도시 관광으로
나누어짐.

몽골의 세계유산 관광 : 세계자연유산 옵스 노르
분지, 세계문화유산 오르혼 계곡의 문화적 경관

몽골제국 유적 관광 : 몽골민족의 정신적 고향
카라코름, 칭기스칸의 고향 헨티 아이막

대자연 관광 : 야생화의 천국 테렐지, 바이칼호의
어머니 홉스굴 호수, 대자연의 보고 고비사막

도시 관광 : 초원의 도시 울란바타르

몽골의 기온과 강우량

몽골 전체

월	1월	2월	3월	4월	5월	6월	7월	8월	9월	10월	11월	12월
온도(℃)	-26	-21	-10	0	8	15	17	15	8	-2	-13	-24
강우량(㎜)	1	2	2	7	15	49	73	48	24	6	4	2

울란바타르

월	1월	2월	3월	4월	5월	6월	7월	8월	9월	10월	11월	12월
온도(℃)	-25	-30	-12	-2	5	13	17	15	7	0	-13	-22
강우량(㎜)	0	0	3	6	12	30	75	55	24	7	5	3

시차
한국보다 1시간 늦음. 다만 춘분부터 추분까지 서머타임이 있어 시차가 없음.

기후와 여행 시기
기후 : 대륙성 기후로 매우 건조. 연·일교차가 심함.
여름 : 짧고 평균 섭씨 19도
겨울 : 길고 매우 추우며 평균 영하 20도.
봄 : 모래바람이 심함.
여행 시기 : 5월부터 10월까지
(가장 좋은 여행시기 : 7-8월)

복장
여름 : 낮에는 짧은 셔츠, 얇은 긴소매 셔츠, 일교차가 심하기 때문에 밤에는 긴소매 셔츠, 긴 두터운 스웨터, 잠바 등 준비.
겨울 : 매우 추우므로 오리털 파카, 무스탕, 털모자, 방한화 등 필요. 햇볕이 강하므로 선글라스, 창 긴 모자, 자외선 차단 크림 등 필요.

화폐와 환전
지폐 : 6종류 50, 100, 500, 1,000, 5,000, 10,000tg
동전 : 동전 있으나 거의 사용하지 않음.
화폐단위 : 기본단위는 투그릭(Tugrik)임.
환전 : 은행, 호텔에서 환전할 수 있음.
카드 : VISA와 AMEX 등 카드 사용할 수 있음.

보험
몽골은 보험에 가입하지 않은 환자에 대한 의료비 부담이 큼. 몽골여행 시에는 반드시 해외여행상해보험 가입 필요.

신분증명서
외출 시 여권이나 여권 사본 혹은 사진이 붙어 있는 신분증명서 반드시 소지.

전압
전압 : 220V
주파수 : 50Hz이임.
한국의 전자제품은 주파수가 60Hz이므로 변압기 없이는 사용할 수 없음.
콘센트 : 컨티넨탈 유럽형 C타입
(둥근 형 2개의 꽂이)을 사용.

국제전화
한국에서 몽골 전화 :
001-976-도시코드(0번제외)-전화번호
몽골에서 한국 전화 :
001-82-도시코드(0번제외)-전화번호
몽골국가코드 : 976 **울란바타르 지역코드 :** 11

식수
수돗물은 일단 끓여서 마시든지 미네랄워터를 마시도록 해야 함. 미네랄워터도 우리나라와 성분이 다르므로 지나치게 마시지 않도록 해야함.

화장실
초원에는 화장실이 없고 자연화장실을 이용할 수밖에 없음. 여성의 경우 반드시 양산을 준비하는 것이 필요.

역사 연대기

기원전 20세기 : 중앙아시아에 유목민 활동

기원전 209년 : 기마유목민족 흉노족이

최초의 유목국가 건립

기원 156년 : 선비족 통일국가 건립, 몽골 지배

487년 : 유연 국가 건립, 몽골고원 지배

552년 : 투르크계 돌궐족이 국가 건립,

몽골고원 지배

744년 : 위구르족 몽골고원과 중앙아시아 지배

947년 : 거란족이 요 건국

1115년 : 여진족 금 건국

1162년 : 테무친 탄생

1206년 : 칭기스칸 즉위, 몽골제국 건립

1227년 : 칭기스칸 사망

1235년 : 몽골제국 수도 카라코름 건립

1236년 : 바투칸 러시아-동유럽 정복 개시

1267년 : 수도를 대도(베이징)로 옮김

1271년 : 국호를 원으로 고침

1274년 : 제1차 일본원정

1281년 : 제2차 일본원정

1323년 : 몽골비사 완성

1368년 : 원 멸망

1409년 : 몽골제국 해체

1691년 : 몽골 청에 복속

1717년 : 청나라 몽골 전역 지배

1727년 : 청·러 카흐타 조약으로

    몽골·러시아 국경 확정

1911년 : 신해혁명. 청 붕괴.

    몽골독립 선언

1915년 : 중국 자치국으로 전락

1919년 : 중국군 침략.

    몽골 자치권 상실

1921년 : 몽골혁명. 독립 선언

1924년 : 몽골인민공화국 수립

1948년 : 북한과 외교관계 수립

1961년 : 몽골 유엔 가입

1990년 : 대한민국과 국교 정상화

1992년 : 신 민주헌법제정

    국호 몽골로 변경

1996년 : 총선 실시

한·몽 관계

몽골은 우리나라와 약 1천 년의 뿌리 깊은 역사적 문화적 관계를 맺어 왔다. 그래서인지 몽골은 몽골인의 외모나 언어나 생활풍습이나 민속이 우리나라와 가까운 나라 가운데 하나다.

몽골인은 우리나라를 '어머니의 나라'라고 부르고 또한 아름다운 무지개와 같은 나라라고 해서 몽골어로 '무지개'를 뜻하는 "솔롱고스"라고도 부른다.

역사적 관계

몽골과 한국의 관계는 고려가 몽골의 침략을 받아 그 지배를 받으면서 시작되었다. 1217년, 고려 23대 고종 4년 고려가 몽골군과 연합하여 침입해온 거란족을 물리쳤다. 이를 계기로 몽골은 일방적으로 여몽협약을 맺고, 무리한 공물을 요구했다. 1225년 몽골의 사신 저고여著古與의 피살이 원인이 되어 국교가 단절되고 몽골의 고려침입이 시작되었다.

1231년부터 1258년까지 몽골군은 여섯 차례 고려를 침입했다. 그러나 고려는 항복하지 않고 수도를 강화도로 옮겨 1270년에 개경開京(지금의 개성)으로 환도할 때까지 38년 동안 몽골에 대항했다.

그 뒤 고려와 몽골 사이에 화평이 이루어졌고 더욱이 양국의 관계가 단순한 종번宗藩관계를 넘어 황실 간의 혈연관계가 맺어진 것을 계기로 양국 간에 각종 제도와 문물의 교류가 활발하게 이루어졌다. 한몽 간의 교류는 13세기 말부터 14세기 초에 걸친 몽골의 고려침략, 지배, 혈연관계에도 불구하고 그 이후, 20세기 말까지 약 700년 동안 중단되었다. 1990년 3월, 양국 간에 정식 수교가 이루어지면서 다시 시작되었다.

우리나라의 몽골 풍속

고려의 24대 원종 때부터 31대 공민왕에 이르는 약 100년 동안 고려와 몽골 간에 우호관계가 계속되었다. 그동안 고려의 처녀들을 공녀貢女로 뽑아 몽골로 보냈고 몽골의 공주를 고려의 왕비로 삼았다. 당시 고려에는 많은 몽골군이 주둔하고 몽골관리들이 머물렀다. 이러한 가운데 몽골의 풍속이 고려에 들어와 크게 유행했고 동시에 몽골에도 고려의 의복·음식 등이 퍼져 고려풍高麗風이 크게 유행했다. 이때 몽골에서 들어온 언어와 풍속들이 지금까지 남아 있다. 지금까지 남아 있는 한국과 몽골의 유사한 생활풍습이나 민속을 살펴보면, 몽골의 샤머니즘과 한국의 무속, 오보와 서낭당성황당, 훈촐로와 돌하르방, 샤먼 후보자의 나무인 솔로모드와 솟대, 수호신 고목 샹싱과 한국의 장승, 봉사혼과 데릴사위제도 등을 들 수 있다.

한·몽 언어관계

현재 사용하는 우리말 중에 어원이 몽골어인 말이 약 500단어 정도 된다고 한다. 예를 들어보면 산에 올라 소리치는 야호, 자기부인을 가리키는 마누라, 갓 태어난 유아를 가리키는 아기, 시집 안 간 처녀를 가리키는 아가씨 등이 몽골어에서 유래됐다고 한다. 몽골어로 말은 머르, 조랑말은 조롱머르, 아버지는 아붜, 사돈은 사등, 토끼는 톨라이, 망치는 만치, 오늘은 어너드르, 바른쪽은 바른쭉이라고 한다. 우리말과 유사하다. 제주도에서 사용되고 있는 몽골어가 어원인 말로는 비바리처녀, 냉바리늙은 여자, 허벅물항아리 등이 있다.

찾아보기

가축잡기 102
간단사 151
갈릭문자 067
거북돌 214
거북바위 165
게르 016, 031, 084, 093, 107, 108, 109, 110, 139, 158, 163, 165, 166, 174, 176, 209, 211
고비사막 045, 134, 185, 190, 193, 198, 201, 202, 203, 204, 234, 239
고탈 037, 113, 125
공룡 알 145, 199, 202
나담축제 021, 032, 123
나마르자 081
나착도르지 017
낙유주 100, 118
남근돌 214
델 092, 110, 150
델룬 볼독 224, 229, 230
돈드 고비 180, 185, 194, 195
라마교 065, 146, 151, 197, 238

로스-사브닥 036
마두금 070, 071, 109
마르코 폴로 118, 210
마유주 019, 020, 118, 147, 192
만조쉬르 자연 박물관 158
말가이 112
머링 호르 070
몽골로이드 048
몽골리아 045
몽골반점 048
몽골비사 026, 162, 224, 230, 231, 243
몽골인민공화국 243
몽골제국 028, 030, 042, 048, 056, 160, 211, 212, 213, 239, 242
몽케칸 058
민족역사 박물관 144
바얀작 200, 202
바위그림 180, 217
바위소금 172
바이칼 호 174, 229
복드산 137

복드칸 궁전 박물관 150
부르칸 칼둔 038
부리야트 048
부스 112
불까기 078, 095, 102, 103
비툰 122
빨간 음식 115, 246
수테차 077, 116, 117
수흐바타르 028, 031, 040, 062, 063, 111, 132, 133, 141, 142, 143, 147, 151, 181
아르갈 082, 110, 171
알타이 고비 185
알탄 오보 040
약탈혼 121
어거데이칸 058, 231
어블저 082
에르덴 조 208, 213, 214
역전제 212
오르혼 계곡 219
오보 021, 038, 039, 040, 195, 224, 229

246

오보제 021, 034
오축 095, 096, 097, 099, 101
올랑 이데 115
욜린 암 200, 201
우르가 061, 136
우믄 고비 185, 199, 200
울란바타르 030, 031, 032, 040, 045, 052, 061, 064, 088, 129, 131, 133, 136, 140, 141, 143, 147, 153, 155, 157, 163, 199, 225, 238, 239
유목민 015, 017, 023, 068, 075, 089, 109, 114, 178, 192, 242
유제품 077, 078, 081, 097, 099, 100, 115, 116, 117, 178, 192
이태준 열사 149
이흐 후레 136
자나바자르 미술관 020, 034, 141, 146
자연사 박물관 141, 144
자이승 전승기념비 141, 148
젖짜기 101, 247

조드 083
차강 사르 121, 122
차탕족 178
참 068
칭기스칸 동상 공원 157, 161
칭기스 후레 157, 158
카라발가순 217, 219
카라코룸 058, 171, 207, 209, 217, 218, 219, 234, 239, 242
쿠빌라이칸 059, 065, 164
타이하르 촐로 218
타타로스인 058
테렐지 129, 157, 163, 165, 172, 234, 239
테무진 026
팍스 몽골리카 059
펠트 082
풍시 211
풍장 121, 128
하늘 오보 038
하닥 021, 038, 041
하르 자흐 153

하르 주르흐니 228
하얀 음식 115, 119
하와르자 079
할흐 몽골족 048
함홀 190
허더 아랄 230
허르헉 116
허미 068
허흐 노르 224, 228
헝거르 엘스 204
홉스굴 051, 171, 172, 173, 174, 176, 234, 239
활불 061, 065, 146, 150
후이튼 산 247
훈촐로 158, 181

기파랑耆婆郎은 삼국유사에 수록된 신라시대 향가 **찬기파랑가**讚耆婆郎歌의 주인공입니다. 작자 충담忠談은 달과 시내와 잣나무의 은유를 통해 이상적인 화랑의 모습을 그리고 있습니다. 어두운 구름을 헤치고 나와 세상을 비추는 달의 강인함, 끝간 데 없이 뻗어나간 시냇물의 영원함, 그리고 겨울 찬서리 이겨내고 늘 푸른빛 잃지 않는 잣나무의 불변함은 도서출판 기파랑의 정신입니다.
www.guiparang.com

몽골의 향수
초판 1쇄 발행일 2011년 12월 30일
초판 2쇄 인쇄일 2012년 7월 16일

지은이 | 이태원
사진 | 이태원
펴낸이 | 안병훈
북디자인 | 김정환

펴낸곳 | 도서출판 기파랑
등록 | 2004년 12월 27일 제300-2004-204호
주소 | 서울시 종로구 동숭동 1-49 동숭빌딩 301호
전화 | 763-8996(편집부) 3288-0077(영업마케팅부)
팩스 | 763-8936
이메일 | info@guiparang.com
ISBN 978-89-6523-948-2 03980
ⓒ Lee Tae Won, 2011, 기파랑, Printed Korea

Nishneudinsk· ·Tulun Lake
·Kemerovo ·Zima ·Balagansk Baikal
·Novokuznetsk ·Cheremkhovo
·Abakan 'sser ·Irkutsk
Abaz· ·Sayanogorsk ·Usol'ye Sibirskoye·
Gorno ·Turan ·Angarsk
Altaysk ·Kyzyl ·Slyudyanka·
Teli· Yenisey ·Kyakhta Su
Uvs Nuur ·Zakamensk
·Gora Belukha ·Ulaangom ·Mörön· Selenge ·D
·Ölgiy ·Hödrögö ·Bulgan ·Erden
·Hovd Uliastay·
TAY (Dund-Us) +12812 Ulaanbaata
·Fuyun MONG
MOUNTAINS
·Altay ·Arva
·Bayanhongo
+12982
+17864 +12474
SHAN
-505
Dan· ·Hami
on
8478 ·Ejin Qi·
+
·Laqi Lop Nur Mazona Sha

- Bagdarin
- Skovorodino
- Zeysk
- Chumik
- Barguzin
- Mogocha
- Zeya
- Romanovka
- Magdagachi
- N
- Ushumun
- Ude
- **Chita**
- Sretensk
- Shimanovsk
- Shilka
- Baley
- Aginskoye
- Olovyannaya
- Yitulihe
- Ganhe
- Borzya
- Yakeshi
- Greater
- Heih
- Manzhouli
- Hailar
- *Hulun Nur*
- Nehe
- Choybalsan
- L I A
- Arxan
- Khingan Ra.
- Baruun Urt
- eer
- Mandalgoví
- Saynshand
- (Buyant-Uhaa)
- B
- I
- O
- Xilin
- G
- Erenhot
- 6657
- INNER MONGOLIA
- Duolun